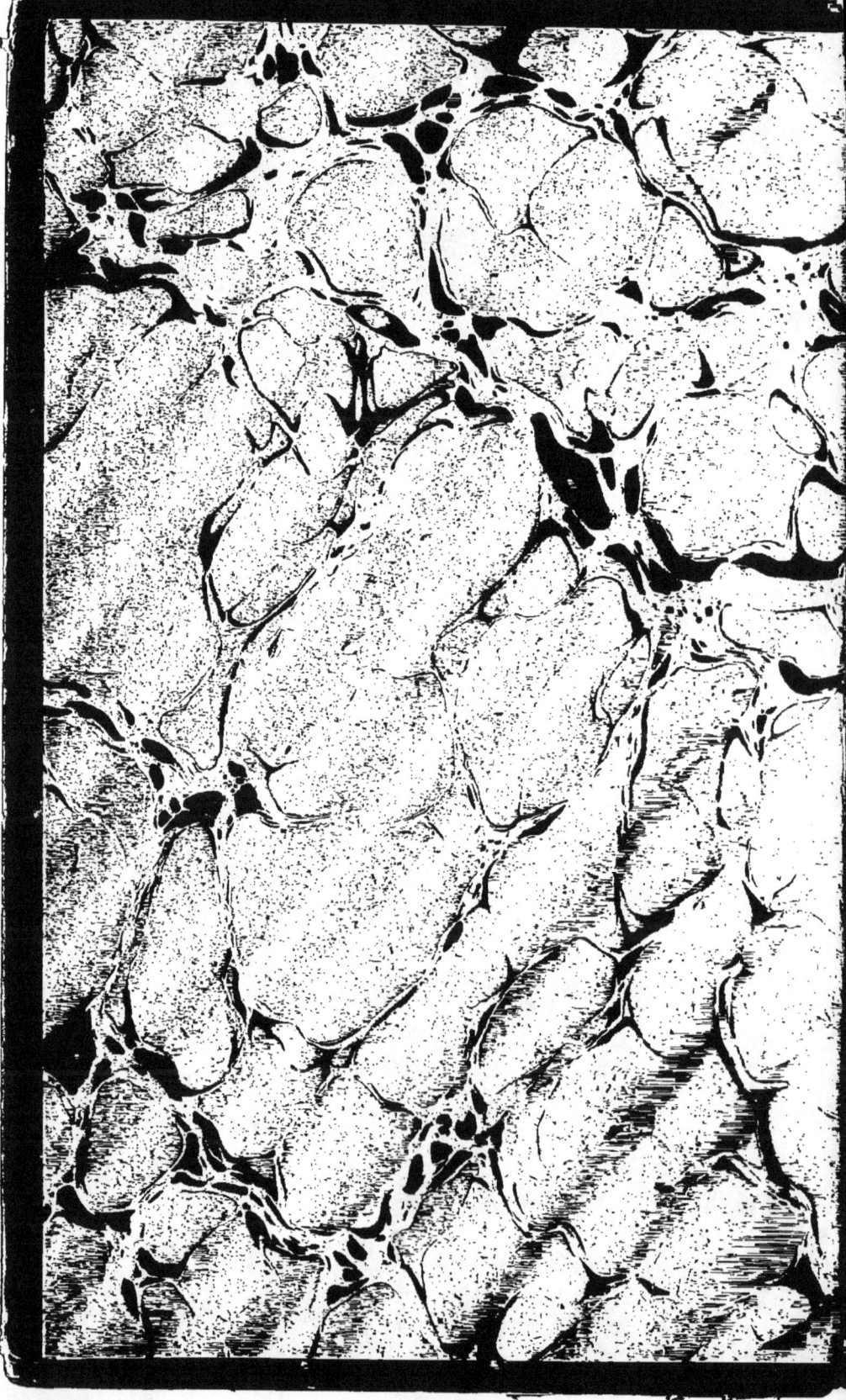

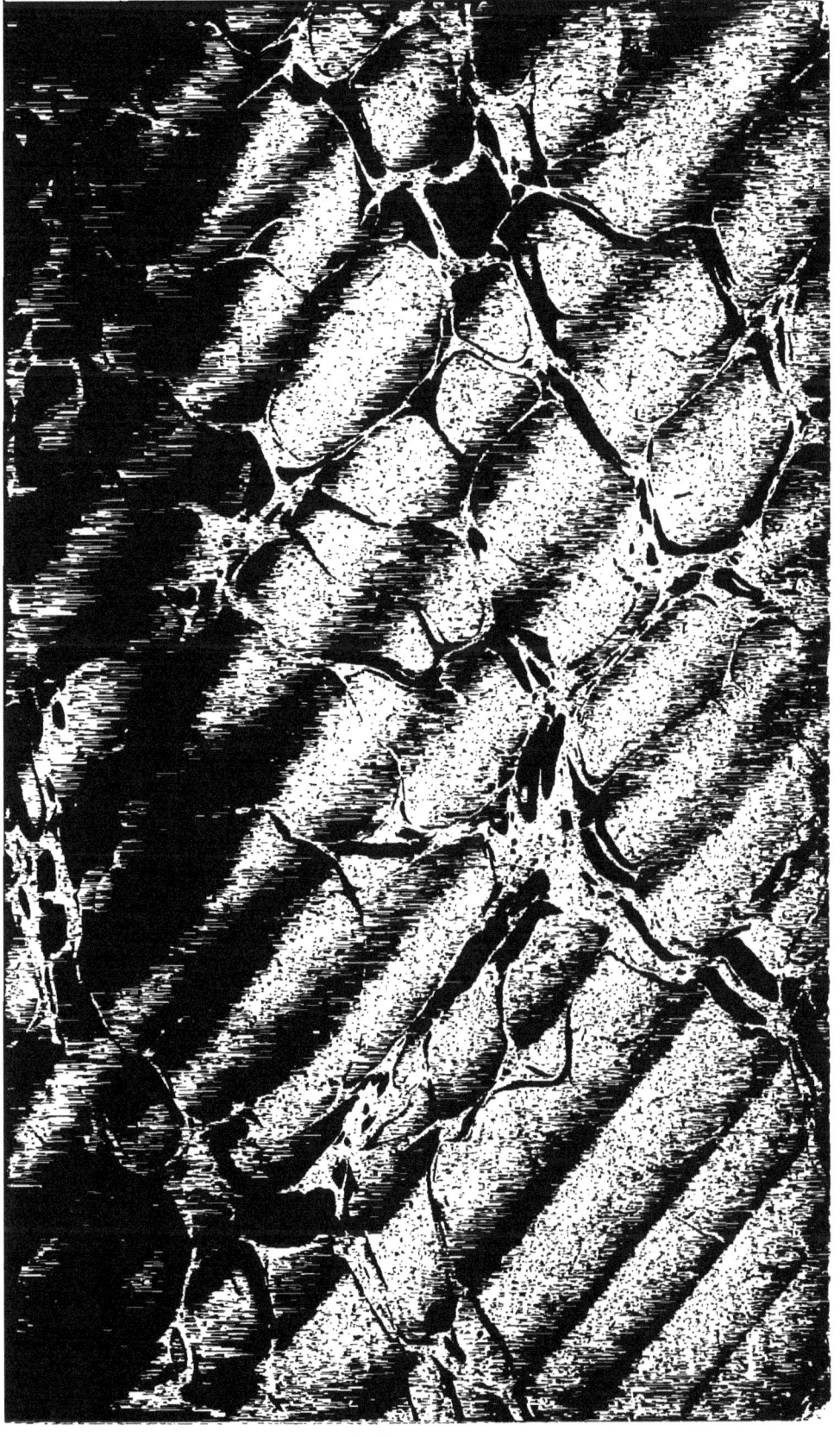

HOCHE
EN IRLANDE
1795-1798

Coulommiers. — Typ. P. BRODARD et GALLOIS.

HOCHE
EN IRLANDE

1795-1798

D'APRÈS DES DOCUMENTS INÉDITS :
LETTRES DE HOCHE, DÉLIBÉRATIONS SECRÈTES DU DIRECTOIRE,
MÉMOIRES SECRETS DE WOLF TONE

PAR

G. ESCANDE

Député

PARIS
ANCIENNE LIBRAIRIE GERMER BAILLIÈRE ET Cie
FÉLIX ALCAN, ÉDITEUR
108, BOULEVARD SAINT-GERMAIN, 108

1888
Tous droits réservés

PRÉFACE

Cette étude a pour objet une série de faits mal connus. Leur obscurité et leur importance nous ont également tenté, et des recherches parfois heureuses nous ont permis de soumettre au public le résultat de nos travaux et les documents inédits qui justifient nos conclusions.

Il s'agit des deux expéditions d'Irlande de 1796. et de 1798, d'un conflit entre l'amiral Villaret-Joyeuse et le général Hoche, d'une apparence de coup d'État et d'intrigues parlementaires qui empêchèrent la seconde expédition, de l'état d'esprit des fonctionnaires, qu'ils fussent élus par les citoyens ou nommés par l'Exécutif, de la politique du Directoire vis-à-vis de l'Angleterre et plus spécialement de l'Irlande; de l'influence enfin de la Révolution sur ce malheureux pays.

Ces événements se sont accomplis à une époque semblable à la nôtre par les plus mauvais côtés, et ont soulevé des passions et des intérêts encore vivaces et dont le nom même n'a pas changé : amour de la paix et imminence de la guerre, prérogatives de l'Exécutif, omnipotence et impuissance des Chambres, restauration royaliste, puissance de la bureaucratie, apparition du césarisme. Il était donc difficile, surtout quand la célébration du Centenaire de 1789 redonne de l'actualité à tous les anciens sujets de colère ou de haine, de ne pas prendre parti, et de conter cela comme un épisode de la guerre de Cent ans. Aussi n'ai-je pas hésité à prendre hautement parti pour la Révolution contre la prétendue modération dont se masquait le royalisme; pour Hoche, laissant la France unie, aimée et agrandie, contre Bonaparte, qui la laissa divisée, haïe et amoindrie; pour le Directoire contre le conseil des Cinq-Cents et une administration aussi funeste à la France qu'une invasion ennemie.

Je me suis efforcé cependant de ne pas plaider une cause, et de rendre avec vérité l'impression qui se dégage des documents authentiques. Ce qui me l'a permis et ce qui corrige la partialité que j'avoue, c'est qu'au-dessus de toutes ces choses, de tous ces débats, de tout ce mal et de tout ce bien, tous, et surtout l'historien, placent la France; et que l'événement et l'homme sont impartialement jugés, qu'on les condamne sans pitié ou qu'on les glorifie avec exaltation, quand on prend pour critérium l'intérêt suprême de la patrie. Tous ceux qui l'ont gardée ou unifiée, Jeanne d'Arc, Louis XI, Richelieu, Danton ou Hoche, ont droit à une même reconnaissance dans laquelle s'évanouit tout reproche. Les fautes de l'exécution sont passées, l'œuvre reste, comme ces monuments qui ont tant coûté de larmes et qui nous donnent tant d'orgueil. Mais quand cette œuvre est aussi féconde moralement qu'utile politiquement, quand le héros l'accomplit sans les cruautés de Richelieu, sans les fureurs de Louis XI, quand il est aussi respectueux de la loi que dévoué à la patrie, ne peut-on le proclamer hautement et revendiquer pour lui la place qu'un autre usurpe?

Placera-t-on Hoche sur la colonne Vendôme à la place de Bonaparte, en 1889? Je ne le crois pas. On ne comprend pas encore qu'entre les deux héros le parallèle se réduit à ceci : Bonaparte a diminué la France et Hoche l'a augmentée; Bonaparte a perdu ce qu'on pouvait garder sur le Rhin et Hoche a gagné ce qu'on pouvait perdre dans l'Ouest. L'un a fait sa politique, il a cherché de la gloire pour lui ; l'autre a continué l'évolution nationale et fait une terre française au suprême degré de cette Bretagne, où pouvait se perpétuer une sorte d'Irlande. L'un est sur la colonne Vendôme, l'autre est relégué, comme Jeanne d'Arc, dans une niche ou sur un piédestal insuffisant.

La conception politique de Hoche et du Directoire dans la lutte avec l'Angleterre fut toujours de préserver l'Ouest de toute influence anglaise, de veiller à cette délicate et fragile pacification, œuvre par excellence que nous ne devons cesser de bénir et dont nous devons nous inspirer toujours. Plus j'étudie ce chef-d'œuvre politique, plus je sens qu'il faut s'éloigner, dans l'amour de la Révolution, de ces engouements pour les hommes et les sectes, les théories et les principes abstraits, les formules et les appellations, pour les victoires inutiles et les conquêtes suivies d'invasions, et chercher la vérité, avec ceux qui regardent, sans préjugé d'école, le passé et l'avenir, et conçoivent la patrie comme une mère qui traverse *en se divinisant* les siècles et l'humanité !

Cette haute conception de la politique nationale se manifesta, grâce à Hoche au temps qui nous occupe, au milieu des plus mesquins événements, des plus regrettables insuccès. Quand l'opposition, inconsciente dans une certaine mesure, faisait une œuvre si néfaste qu'elle provoquait la trahison ; que les bureaux vendaient les secrets d'État ; que la marine, dont la bravoure ne peut être contestée, perdait toute qualité militaire et le conseil des Cinq-Cents toute lucidité, Hoche et le Directoire retrouvaient et appliquaient la politique de Jeanne d'Arc, de Duguesclin, de Richelieu. Mais le public et la postérité perdirent le sens des réalités et des mots ; le mensonge devint le seul procédé politique, la calomnie fut la seule arme journalière, et, jusqu'à l'avènement du césarisme, les ténèbres et la lutte s'épaissirent si fort, que pensées, rêves, acteurs et intérêts, tout se confond, que La Réveillère n'y paraît qu'un bossu et Hoche qu'un caporal.

Sur ces points nous donnons des documents rares ou inédits qui serviront à l'histoire du Directoire et éclaireront celle des coups d'État qui ont marqué cette époque. Nous n'avons pas raconté ces faits malgré leur grand intérêt; notre essai ne comporte, au point de vue général, que le récit de ce qu'on appelle encore les préparatifs de fructidor. Il s'agit du passage autour de Paris d'un corps de l'armée d'Irlande, en messidor an V, un mois avant fructidor. On affirme encore que ces soldats, tirés de Sambre-et-Meuse, étaient envoyés par Hoche pour exécuter un coup d'État, qu'il y avait entente entre Barras et le jeune général. C'est une erreur, et, sur cette erreur, les historiens-philosophes excluent Hoche de leur Panthéon. La véritable destination des troupes était bien l'Irlande, mais on se plut à ne pas le croire. La réaction, qui avait fait avorter la première expédition, empêchait ainsi tout à fait celle-ci; et, par un résultat contraire à son but, en criant au coup d'État, quand il n'en était pas question, en arrêtant les troupes, en les retenant non loin de Paris, elle les mit en quelque sorte à la disposition du Directoire, qui s'en servit un mois plus tard.

Au milieu des enthousiasmes et des tristesses du jour, il est intéressant de rappeler certaines de ces choses pour notre instruction et notre fierté.

Cet exemple des querelles entre le Directoire et le Parlement, leur origine et leurs effets prouvaient au peuple, qui élisait les Chambres et les administrations, sa double folie de tout demander à l'Exécutif et de ne lui donner aucun des moyens de gouvernement. C'est par là que le Directoire, qui eut une si excellente, si pratique, si justifiée, si traditionnelle conception de la guerre contre l'Angleterre, et parfois des nécessités gouvernementales, reste décrié, comme un gouvernement d'aventures et de coups d'État, quand il ne fut qu'un gouvernement d'impuissance.

Un seul jour il eut de l'énergie, le 18 fructidor, et il reste condamné pour cela dans l'histoire, tandis que ces Chambres y apparaissent avec l'orgueil des victimes, invoquant la souveraineté violée en elles, et recommençant, dans la même inexpérience gouvernementale, leurs théories et leurs minuties, recherchant avec la même incurable naïveté l'absolu dans la justice et l'infini dans le détail. L'absolu! névrose des sectes et des groupes qui leur attira les mêmes partisans que le despotisme eut donnés à un roi; race également détestable sous la livrée du courtisan ou celle du clubiste, qui fit vieillir la République dans une longue enfance, et l'achemina, au milieu d'un rêve d'omnipotence, vers la servitude et le 18 brumaire; et qui le ferait encore, si la leçon du passé n'éclairait pas chaque jour une intelligence de plus.

Le reste, nos relations avec l'Irlande, les projets du Directoire, les pensées de Hoche, nous inspirent de la fierté! Oui, la Révolution peut être fière de ses œuvres. En pleine incapacité gouvernementale, quand tout sombrait dans la France reconquise par la royauté, les fidèles de la Révolution, en dehors de l'utopie propagandiste, restaient les hommes de justice et de progrès. Dans cette Irlande sur laquelle le monde entier fixe les yeux, ils jetaient, pour la sécurité de la France, les plus pures semences de rénovation sociale, celles qui ont pacifié la Vendée et la Bretagne et produit, en France, la forte démocratie agricole qui la vivifie.

Si nous avions réussi, le problème irlandais n'existerait pas plus que n'existe le problème de la chouannerie bretonne. Quel Anglais ne voudrait que l'Angleterre eût appris de nous et appliqué à l'Irlande ces principes sociaux réclamés en vain, depuis des siècles, par des affamés ?

Si nous n'avons pas réussi, nos divisions seules, nos divisions parlementaires, nos divisions administratives, nos divisions nationales, en furent la cause. Nous ne dirons point que le Centenaire doit tous nous rapprocher, parce que nous ne l'espérons pas, mais nous dirons hautement à l'Europe et à la réaction :

Comparez l'Irlande d'aujourd'hui à la Bretagne ; jugez, sur ce point précis, l'Angleterre et la Révolution, et demandez à votre patriotisme, dans la paix de la conscience et le silence des préjugés et des intérêts, si la Révolution n'a pas compris la mère patrie et ne l'a point fidèlement servie, à la façon héroïque et profitable des grands bâtisseurs de la nationalité française.

HOCHE
EN IRLANDE

1795-1798

I

RIVALITÉ DE LA FRANCE ET DE L'ANGLETERRE
PENDANT LA RÉVOLUTION

Le duel séculaire entre l'Angleterre et la France continue pendant la Révolution et présente, à diverses reprises, sa plus vive intensité sur les côtes de la Manche, en Bretagne et en Irlande. Pendant cette période qui va de 1795 à 1798, de l'an III à l'an VII, Hoche s'attaqua aussi résolument à l'Angleterre que Bonaparte à l'Autriche; et, après la mort de Hoche, ses conceptions inspirèrent encore le Directoire.

Cette lutte est marquée, de part et d'autre, par des tentatives d'invasion réduites parfois au débarquement d'une poignée d'émigrés ou de soldats, par le rôle de deux émigrations bien dissemblables, par les procédés non moins dissemblables employés par l'Angleterre et la France, par des insuccès enfin inexpliqués jusqu'à ce jour. Mais, sauf l'affaire de Quiberon, dont le récit ne rentre pas dans le cadre de ce livre, pas une bataille ne fixe le souvenir de ces événements, qu'ont négligés les historiens, amoureux du décor comme leur héros Bonaparte, et éblouis comme lui par l'Égypte et l'Italie. Il se passa pourtant alors, sur les côtes de la Manche, bien des choses dignes de la curiosité d'un chercheur et des méditations d'un patriote.

L'Angleterre n'était pas entrée, dès 1792, dans la coalition. Pendant nos victoires de Valmy et de Jemmapes sur la Prusse et l'Autriche, Pitt affectait simplement l'air d'un spectateur malveillant. Mais quand il vit la Belgique envahie par les troupes françaises, le port d'Anvers ouvert au commerce européen, et aussi la nation anglaise excitée vers l'égalité par l'exemple de la France, le vieil Anglais aristocrate et chercheur d'occasions de conquêtes s'éveilla. L'Angleterre aussitôt se jeta dans la coalition; notre ambassadeur fut chassé de Londres et une nouvelle guerre implacable éclata entre l'Angleterre et la France. Dès le début, en 1793, sans tenir compte des intérêts généraux de la coalition et des vues des puissances alliées, qui réclamaient des troupes plus nombreuses et une marche rapide sur Paris, Pitt n'envoya sur le continent que trente mille hommes, qu'il immobilisa aussitôt autour de Dunkerque. L'Angleterre venait moins aider les alliés que faire ses affaires elle-même et d'avance; elle venait moins nous combattre que nous dépouiller. Cette mission que Pitt croyait facile fut confiée au frère même du roi, au duc d'York. Il ne réussit pas, et les espérances disparurent vite; mais Pitt ne se découragea point. Plus il éprouvait d'échecs, plus il s'appliquait à susciter à la France des ennemis, à exciter des troubles intérieurs et à envoyer autour de nos ports des flottes qui guettaient le moment de les prendre. Il en fut ainsi pendant toute la Révolution; et, sans rappeler le mystérieux complot de Brest [1], le siège de Dunkerque inaugura cette politique de pure conquête (septembre 1793).

Dans cette place se trouvait un adjudant général chef de bataillon (chef de bataillon d'État-major de nos jours) qui, opposant le patriotisme à l'invasion et l'union des citoyens aux intrigues anglaises, sauva Dunkerque et chassa le duc d'York. Ce jeune officier, c'était Hoche.

Il avait deviné les projets de l'ennemi et retrouvé le vrai moyen de le vaincre. « Depuis le commencement de la campagne, écrit-il [2], je n'ai cessé de croire que c'était chez eux qu'il fallait aller combattre les Anglais. Six mois de réflexion m'ont confirmé dans cette persuasion que la descente en Angleterre ne peut être considérée comme une chimère. Un brave homme, à la tête de quarante mille autres, ferait bien du ravage dans ce pays, et forcerait bientôt les

1. Il date de 1789, et avait pour but de livrer ce port à l'Angleterre.
2. 1er octobre 1793. Dans la *Vie de Hoche*, par R. de Saint-Albin, t. I.

tyrans coalisés à nous demander la paix... Je veux mettre le premier le pied sur la terre de ces brigands politiques. »

Animé du même esprit, le Comité de salut public ordonne (arrêté du 22 septembre 1793) la concentration, sur les côtes de Bretagne et de Normandie, d'une armée de cent mille hommes destinée à opérer une descente sur les côtes d'Angleterre. Mais, au même moment, les Anglais, d'accord avec les Vendéens, réalisent un projet semblable; et n'ayant aucun des embarras qui assaillent le Comité de salut public, en cette terrible année 1793, ils le préviennent et portent les premiers coups. Le ministère anglais envoie lord Moira croiser avec une flotte nombreuse sur les côtes de Normandie et de Bretagne. L'Anglais attendait que le port de Granville, assiégé par les Vendéens, s'ouvrît. Les Vendéens furent défaits; la grande armée catholique et royale fut détruite, et le drapeau noir ne flotta point sur les murs de Granville pour appeler les Anglais dans ce port, comme ils l'avaient été dans celui de Toulon.

La descente des Anglais, manquée à Dunkerque et en Bretagne, réussit partout ailleurs et arrêta tous les projets analogues du Comité de salut public, auquel fit défaut bientôt l'instrument indispensable, une flotte, et dont les efforts durent enfin se borner à repousser les coalisés qui nous assaillaient par toutes nos frontières et par toutes nos côtes.

Pitt jette les coalisés sur nos frontières et s'applique à la guerre maritime. Pendant trois ans, l'Angleterre attaque nos colonies, croise sur nos côtes, bloque nos ports, fomente des révoltes. Elle nous prend les Indes françaises, Tabago, Saint-Pierre et Miquelon ; elle nous prend Toulon, livré par les royalistes ; la Corse, livrée par Paoli ; elle entretient l'insurrection en Bretagne. Quand les victoires de Hondschoote et de Fleurus, et la reprise de Toulon, nous ont rendu l'offensive ; quand les armées du Nord, de Sambre-et-Meuse, du Rhin et bientôt d'Italie, refoulent l'invasion, quand nos triomphes, sur le continent, sont si complets que la Prusse traite avec nous (décembre 1794) et, comme elle, la

Toscane, l'Espagne et la Hollande, la marine anglaise poursuit ses succès. Lord Hood conserve la Corse; l'amiral Hoove bat notre flotte devant Brest et voit sauter le *Vengeur* (17 juin 1794); l'amiral Hottam en bat une autre devant Toulon (16 mars 1795); l'amiral Bridport défait, une seconde fois, Villaret-Joyeuse devant l'île de Croix (23 juin 1795); l'amiral Jervis nous prend Sainte-Lucie, la Martinique et les Saintes. Chacun de ces événements, conquête de colonie ou combat naval, fait disparaître ce qui nous reste de vaisseaux : le *Vengeur*, le *Censeur*, le *Ça Ira*, le *Tigre*, l'*Alexandre*, le *Formidable* et vingt autres, et rapproche l'Angleterre du but qu'elle poursuit : la destruction de notre marine, qui doit lui assurer l'occupation facile et durable de nos ports ou leur démolition. Ainsi, tout entier à la guerre maritime, qui lui vaut tant de triomphes, Pitt, laissant la coalition user ses armes en usant les nôtres, réserve, pour un Azincourt ou un Waterloo qu'il croit prochain, ses troupes de terre, afin de frapper le dernier coup et de se donner la gloire profitable d'achever l'ennemi commun.

Pendant ce temps, la politique anglaise consistait à verser constamment sur nos côtes, et surtout sur celles de Bretagne, des espions, des traîtres, des émigrés, de faux assignats et enfin, croyant l'heure venue, une armée qui débarqua et mourut à Quiberon (juin-juillet 1795).

Là, après bien des péripéties, se retrouvait, en face des Anglais, l'homme le plus décidé et le plus apte à les combattre : celui qui leur avait infligé un premier échec à Dunkerque, et qui leur en infligeait un autre, moins honorable pour eux, à Quiberon. L'adjudant général de Dunkerque était devenu le général en chef des armées républicaines en Bretagne. Mûri par la grande guerre sur le Rhin et par la guerre de buissons en Bretagne, haussé aux grandes conceptions politiques par la prison qui acheva ce héros, Hoche, en chassant l'Anglais de Bretagne, résolut d'aller lui imposer la paix à Londres même. Patience, persévérance, mesure dans la conception du plan, rapidité dans l'exécution, connaissance des hommes et des choses, popularité, toutes les qualités nécessaires au succès de cette vaste entreprise, Hoche les réunissait. Il avait aussi l'élan généreux de la jeune France qu'il représentait, en face de Pitt, l'incarnation de la vieille Angleterre. C'est dans ces deux génies, comme jadis dans ceux de Jeanne d'Arc et de Henri V, que les deux nations puiseront leur inspiration et leur courage.

Pitt, ministre depuis si longtemps, tenait en bride l'Europe, qu'il dirigeait à son gré. Elle était dans sa main, comme aujourd'hui dans celle de Bismark. C'était bien à ce tout-puissant qu'il fallait arracher la paix. Pour le faire trembler dans Londres, Hoche en 1796 traversa l'Océan, ce qui était aussi difficile que de franchir les Alpes.

Non, la descente en Angleterre n'était point chose facile en 1795 et 1796. Si le Directoire s'installait, si Bonaparte triomphait en Italie, partout ailleurs, les échecs, les misères et les désordres accablaient la France. Pichegru, sur le Rhin, préparait sa trahison; Jourdan et Moreau battaient en retraite; l'opposition éclatait partout avec un cortège d'assassinats, d'insurrections, de vols, de trahisons; les administrations à peine organisées se peuplaient de traîtres; les ressources financières s'épuisaient en gaspillages; les Conseils cessaient d'être d'accord avec le Directoire; à Paris, en province, complots, agiotage, disette, et, ce qui rendait vain tout projet de descente, pas d'argent, pas de flotte. Les flottes anglaises victorieuses croisaient dans la Méditerranée et l'Océan, et l'argent anglais corrompait tout à l'intérieur.

Ainsi partout l'impuissance. Seuls nos vaillants corsaires tenaient tête à l'Anglais, mais leur audace et leurs prises, qui nous promettaient de bons marins, ne pouvaient changer cette triste situation.

Elle apparaissait encore avec plus de netteté dans la Bretagne et la Vendée, sur la mer et dans les îles voisines. Charette et Stofflet tiennent toujours la campagne; la chouannerie sévit plus que jamais; les autorités locales et les administrations trahissent ou font des fautes par exagération de civisme; la haine et les violences sont partout; nos troupes indisciplinées et affamées passent de l'irritation au découragement; les îles normandes, Jersey, Guernesey, sont un refuge pour les vaincus, qui s'y reposent, y reçoivent des fonds et en reviennent plus ardents et mieux armés; une flotte anglaise bloque le port de Brest; une autre débarque à l'île d'Yeu un corps d'armée commandé par le comte d'Artois et destiné à envahir l'Ouest, toujours en pleine insurrection.

Bien différente et bien meilleure est la situation du gouvernement anglais : accord dans la nation, quand chez nous tout est divisé; simple gêne dans les affaires n'occassionnant qu'un malaise supportable, quand chez nous règne la misère et, par endroits, la famine; au Parlement anglais, une simple opposition antiministérielle, et contre le Directoire une opposition d'assassins. En un seul point, cet empire britannique, si fort par son isolement et ses finances, était vulnérable : l'Irlande, l'éternelle révoltée, frémissait par moments.

Hoche, au milieu de ces difficultés, n'abandonnait pas son dessein. Ce projet qui, dans l'esprit de Bonaparte, prit en 1803 les proportions d'une croisade antique, Hoche le mûrissait. Il en voyait les trois conditions essentielles :

la pacification de l'Ouest d'abord, la création d'une flotte ensuite, enfin une insurrection en Irlande. Les deux premières conditions réalisées, l'armée pacificatrice deviendrait l'armée de débarquement; l'Irlande accueillerait les Français comme des libérateurs, et, débarrassés de la Vendée, nous en créerions une chez nos ennemis.

II

PROJETS DE HOCHE EN 1796

En sortant de la prison des Carmes, Hoche accepta un commandement en Bretagne; après Quiberon, il osa continuer à travailler à la pacification. Cette mission, qui pouvait être celle d'un martyr comme celle d'un héros, devant laquelle tous avaient échoué, à laquelle Bonaparte ne voulut pas même être mêlé, Hoche la termina glorieusement. En messidor an IV, la pacification était définitive. Hoche avait bien mérité de la patrie. Il avait accompli l'œuvre de salut, assuré l'avenir.

Rien dans les actes des généraux de ce temps n'est comparable à cela ni pour la difficulté de l'entreprise ni pour ses conséquences. Elle est plus utile que la campagne d'Italie; elle l'est autant que la victoire de Zurich. Ce résultat, on le devait au désintéressement de Hoche; son désintéressement encore lui fait oser une chose aussi difficile.

La première des conditions d'une attaque contre l'Angleterre était donc résolue. La Bretagne et la Vendée étaient fermées aux débarquements anglais. En accomplissant cette œuvre, Hoche avait formé une des plus belles armées de la République et réuni autour de lui une pléiade d'officiers, injustement oubliés par l'histoire. Quantin, Ménage, Mermet, Humbert, Watrin, Grouchy, Hardy, et le vertueux Chérin, un inconnu qui mérite la gloire. « L'armée de la Moselle était une grande fille, disait Hoche, que j'aimais comme ma maîtresse; celle-ci est un enfant chéri que j'élève pour en faire hommage à la Patrie[1]. Ces troupes, ajoutait-il plus tard, sont rompues au genre de guerre à faire dans

---

1. Lettre de Hoche, du 17 brumaire an III.

une invasion, et peuvent grandement, par leur manière de combattre, faciliter l'insurrection de l'Irlande. »

C'est avec ces soldats et ces chefs que Hoche, revenant à son idée de descente en Angleterre, voudrait agir bientôt, car il entrevoit depuis longtemps des circonstances favorables. « Un homme de tête, dit-il, pourrait aller changer chez nos rivaux mêmes la face de leurs affaires et les obliger à nous demander la paix [1]. » Toujours d'accord avec sa devise : *Res non verba,* en montrant ce but, Hoche prépare le moyen de l'atteindre et demande au Directoire l'autorisation de réunir des troupes sur certains points. Elles seront ainsi immédiatement prêtes pour toute occasion.

Préoccupé d'idées analogues, sentant la double nécessité de vaincre l'Angleterre et d'offrir aux insurgés de Bretagne et de Vendée ce que Duguesclin avait donné aux Grandes Compagnies, une belle aventure à tenter, le Directoire

---

1. Lettre du 21 prairial an II.

pensait encore à son expédition d'Irlande. Mais ayant une flotte peu nombreuse, connaissant mal encore les ressources de l'Irlande, le projet se réduisait à jeter une poignée d'hommes dans l'île, au premier soulèvement. C'était une revanche et une imitation des petits et inutiles débarquements effectués sur nos côtes par les Anglais.

Depuis longtemps, en effet, Carnot songeait à créer une chouannerie en Irlande[1]; des émissaires étaient envoyés dans le pays, des Irlandais réfugiés en France réclamaient notre appui. Mais rien de précis ne se dégageait des projets ébauchés et discutés, pris et repris, sous l'inspiration des idées de vengeance ou de propagande, et sans cesse contrariés par les événements et par la marine, dont l'état déplorable offrait encore moins d'obstacles que le mauvais esprit de ses chefs. On connaissait mal ce qui nous restait de

---

1. Carnot aurait rédigé une instruction pour l'établissement d'une chouannerie en Irlande. Il n'en est pas question dans les mémoires de Carnot par son fils, mais elle est citée dans l'intéressante brochure intitulée : *le Général de Grouchy et l'Irlande en 1796*.

ressources, mal la situation de l'Angleterre, mal celle de l'Irlande. Tout était incertain, sauf l'audace et l'énergie de nos armées. On répétait volontiers que les Irlandais méritaient que la Révolution victorieuse vînt à leur secours, mais on se demandait encore si la France trouverait en eux des alliés fidèles et utiles.

Hoche fournit la réponse. Les Irlandais n'auront pour les Français que la fidélité dont ils seront dignes. Le jeune général, depuis la pacification de l'Ouest, est tout à cette idée de justice qui doit inspirer les chefs de gouvernement dans leurs traités : la réciprocité des services et le respect des contrats. Il réfléchit longuement à ce qu'il demandera aux Irlandais et à ce qu'il leur offrira, et il médite sur les résultats qu'aura pour la France cet échange. La plupart des généraux n'auraient vu là qu'une occasion de conquête ; imbu du véritable esprit de la Révolution, qui fut de se défendre [1], Hoche conclut que son

---

1. Voir, sur les idées pacifiques et la propagande armée, le beau livre de Dufraisse, *Histoire du droit de guerre et de paix*.

projet n'aboutira qu'à ces deux choses éminemment justes et favorables aux deux alliés : l'indépendance de l'Irlande et la sécurité de la France.

La paix intérieure assurée, il était indispensable de conquérir la paix extérieure. Parmi tant d'ennemis, c'est à celui qui excitait et payait les autres que Hoche veut porter les premiers coups : c'est à l'Angleterre, qui renoue sans cesse la coalition et entretient ses armées. Voilà l'implacable ennemi, celui qui depuis mille ans nous envahit, rôdant autour de Bordeaux, de Calais, de Dunkerque, objets de ses regrets et de son avidité. Sans aucun point de contact avec nous qui puisse entretenir ou réveiller des querelles, séparé de nous par la mer, il n'en reste pas moins acharné, prêt à l'attaque, rêvant de s'implanter en Artois ou en Guyenne, comme en Irlande. La comparaison qu'on faisait alors de Rome et de Carthage était bien vraie, et il fallait en effet qu'un émule de Scipion portât la guerre aux portes mêmes de la ville haineuse et, s'il ne pouvait l'emporter d'assaut, troublât sa prospérité et fît taire pour longtemps son insolence provocatrice.

Hoche avait d'abord voulu attaquer directement Londres. Mais nos ressources étaient insuffisantes. Il ne s'obstina point. Le Directoire lui indiquait un autre but : l'Irlande. Hoche sut écouter le gouvernement, se plier aux idées de Carnot, que tant de triomphes consacraient, et en les faisant siennes il les améliora, comme en les réalisant il les purifia.

Il adopta le projet de débarquer en Irlande, y travailla avec l'ardeur, la persévérance, la joie qu'il aurait mises à exécuter sa première conception ; la purifia en remplaçant par la guerre régulière le projet de chouannerie qui tenait si fort à cœur à Carnot.

III

LA VIEILLE IRLANDE

L'Irlande est la révoltée féconde : la douleur ne l'affaiblit ni ne la décourage. Aussitôt qu'une masure est abandonnée, deux adolescents s'y installent et y font beaucoup d'enfants, en chantant les vieilles ballades sur l'indépendance perdue. Aussi ce pays des chaumières, ce prolétariat de paysans [1] conservait-il, en 1796, et une population nombreuse et une énergie indomptable.

Plus de quatre millions d'Irlandais habitaient l'île. C'est par la religion, principale cause des souffrances et des luttes, qu'on les différenciait.

1. *Officinia pauperum*.

Trois millions cent cinquante mille étaient catholiques, neuf cent mille étaient dissidents ou presbytériens. Quant aux anglicans, leur nombre se réduisait à quarante-cinq mille. Mais ces quarante-cinq mille étaient les maîtres; ils avaient tous les pouvoirs, tous les avantages, tous les privilèges que la conquête et six siècles de tyrannie avaient mis à leur disposition. Qu'ils fussent prêtres, lords, membres du Parlement irlandais, administrateurs ou soldats de l'armée anglaise, ils en abusaient avec une froide persévérance. On a souvent comparé l'Irlande à la Vendée et à la Bretagne : c'est à la Pologne qu'elle ressemble; c'est à l'Alsace sous la main prussienne. Ce n'est pas, comme la Bretagne, une province qui se sépare de la mère patrie, qui sort de l'unité nationale, qui se refuse à une indivisibilité depuis longtemps consentie et nécessaire; c'est une province conquise qui veut échapper à la conquête; c'est un prisonnier qui se délivre. L'incorporation, que l'acte d'Union et le XIXe siècle n'ont pas réalisée, était, en 1796, regardée par tous les Irlandais, par le pauvre paysan aussi bien que par le député Grattan, comme le dernier degré du malheur et de l'opprobre. C'était le dénouement redouté des sombres et sanglantes péripéties qui constituent l'histoire de la pauvre vieille Irlande.

Vendue théoriquement ou théologalement par le pape, qui ne la possédait pas, à Henri II (1171), qui remplace le clan par le régime féodal qui dure encore; annexée avec le titre de royaume par Henri VIII (1540), qui s'en proclame roi et lui impose la religion protestante à la place de la religion catholique, la jeune Irlande devient la pauvre vieille, et le joyeux Celte, l'Irois sauvage [1]. Mise à feu et à sang par les rois, puis par Cromwell, puis par Guillaume III, le XVIIe siècle est pour elle aussi atroce que les siècles précédents.

Mais elle résiste et ne laisse jamais prescrire, par une servitude volontaire, ses droits à l'indépendance : ce sont d'interminables révoltes, et, quand elles cessent, les chefs révoltés traitent

---

[1]. *San van vocht* : dans les ballades. *Irish wild* : expression courante à Londres.

d'égal à égal avec la couronne et des écrivains patriotes consacrent cette indépendance.

En 1691, le traité de Limerick accorde aux Irlandais, sur le gage de la foi et de l'honneur de la couronne, l'exercice libre et sans entraves de la religion; et Molyneux (1698) publie un livre ainsi intitulé : « L'Irlande peut-elle être liée par les actes d'un parlement siégeant en Angleterre? » Non, conclut l'auteur.

La couronne ne tint pas sa parole d'honneur, le bourreau brûla le livre et le *code pénal* organisa la persécution légale [1]. Mais la pensée du traité et la revendication de Molyneux passèrent dans les ballades populaires, se mêlèrent à la

---

[1]. L'Irlandais catholique n'exercera pas son culte, enfant ne recevra aucun enseignement, citoyen ne sera élu ou nommé à quelque place que ce soit, cultivateur ou fermier ne pourra acquérir la terre, ni posséder un cheval ou des objets mobiliers, homme il n'épousera pas une protestante, père il sera dépouillé par un fils qui se fera protestant; — mort un protestant a la tutelle de ses enfants. L'Irlandais sera ouvrier journalier, et travaillera même malgré lui, les jours de fêtes catholiques. C'est l'organisation du prolétariat éternel, *officina pauperum;* pays d'ilotes qui n'ont que deux certitudes, la mort et l'impôt. S'étonnera-t-on ensuite que le joyeux Celte s'assauvagisse et devienne l'implacable ennemi d'un pareil état social?

légende et à la religion, et l'Irlandais le moins instruit garda dans son âme les principes et les exemples qui retentissaient sur le rythme des poésies de Fingal.

Vingt ans après, le parlement d'Angleterre vote un bill dont le titre est la réplique au livre de Molyneux : « Acte pour maintenir la dépendance où doit être l'Irlande de la couronne de la Grande-Bretagne ». Et le Code pénal, vrai code de persécution, sévissait. Les lois ne connaissaient l'Irlandais que pour le punir.

C'est alors que se produisit, dans une heure mémorable, la seule occasion où l'Irlande se soit offerte : en 1704, à genoux, à bout de forces, à la désespérade, elle demanda l'Union.

L'Angleterre, qui deux ans après l'accordait à l'Écosse, la refusa aux Irlandais et les rejeta dans la servitude ou l'insurrection éternelle.

Un demi-siècle après, l'Irlande troublant l'Angleterre, comme cela se produit aujourd'hui, les hommes d'État anglais parlèrent à leur tour d'Union. Une plus longue servitude, de plus anciennes rancunes, l'exemple peu enviable de l'Écosse et peut-être certaines illusions firent repousser ce présent dangereux. Sans accorder en effet l'égalité à l'Irlande, on lui prenait son parlement, dernier vestige d'indépendance, et peut-être un jour unique instrument pour la reprendre. Les Irlandais refusèrent de descendre ce nouveau degré dans la servitude et une insurrection terrible sauva le Parlement (1759).

Cependant ce parlement ne pouvait donner que de vaines illusions. Alternativement achetés et indépendants, les membres des deux Chambres, qui ne se vendaient que pour un temps limité et pour un but spécifié, faisaient volontiers un semblant d'opposition qui leur donnait une heure de popularité et augmentait leur valeur vénale; comédie parlementaire où le ministère anglais payait et commandait.

L'Irlande ainsi abandonnée fut traitée comme une colonie mal soumise; et on sait que les Anglais ne ménagent pas ceux qu'ils nomment des rebelles. Leur domination devint intolérable : ni liberté, ni justice, ni prospérité pour les catholiques ou les non-conformistes irlandais;

mais les catholiques étaient les plus maltraités.

Bientôt à l'oppression militaire et fiscale, religieuse et terrienne, réglée dans le Code pénal, s'ajouta la guerre aux industries irlandaises, notamment à la plus importante, celle de la laine, qu'on détruisait pour favoriser les fabricants anglais.

Les revenus de l'Irlande sont envoyés et dépensés en Angleterre; des pensions sur les revenus d'Irlande sont données à des étrangers : des émigrés français en ont reçu. La famille est attaquée : si un catholique se fait protestant, il devient maître de l'héritage de son père, du vivant même de son père et même malgré lui. Il est interdit aux catholiques de faire élever leurs enfants dans le pays. Le faible droit du fermier appelé la *tenure* est méconnu : les grands propriétaires chassent les tenanciers, mettent les terres en prairies. Swift écrivit alors ce mot dans les Lettres d'un Drapier : « Ce qu'il y a de plus désirable pour l'Irlande, c'est une épidémie qui la dépeuple. »

Charles Lucas [1] revendique les privilèges des municipalités, le gouvernement anglais l'exile; les électeurs de Dublin l'élisent député; car tous les patriotes sont d'accord : paysans et bourgeois, catholiques et presbytériens. Alors commencent à la fois et l'exode du peuple irlandais et sa dernière résistance : les faibles émigrent et vont aider les Américains à se séparer de la Grande-Bretagne, les autres s'insurgent.

Les révoltes et les sociétés secrètes, conséquence fatale de cet état social, remplissent la moitié du XVIIIe siècle : ce sont les Enfants blancs, catholiques, ils attaquent les landlords qui les expulsent; puis les Cœurs de chêne, ceux-là, protestants, cherchent à se soustraire aux corvées; plus tard les Cœurs d'acier, fermiers et paysans dépossédés; enfin, après bien d'autres, les Enfants du droit, qui, à la veille de la Révolution française, s'insurgent et réclament la possibilité de vivre.

[1]. Patriote incorruptible, publia ses études en 1747; fut forcé de s'exiler, revint à la suite de son élection.

C'est donc avec des éclats de fureur pour l'imiter que la pauvre vieille Irlande voit l'Amérique (gouvernée selon le même système que l'Irlande, mais cependant beaucoup moins opprimée) conquérir son indépendance. Bientôt vaincue par sa colonie, tourmentée par des crises ministérielles, effrayée par tant de révoltes, l'Angleterre semble s'adoucir et les revendications de l'Irlande s'accentuent et se précisent.

L'orateur de la Chambre des communes d'Irlande dit, en 1773, que le peuple se livre aux espérances les plus flatteuses; et ces espérances en quoi consistent-elles? En ceci : obtenir que l'Irlande ne soit pas dépouillée des droits accordés aux puissances ennemies ou au moins rivales de l'Angleterre [1].

Malgré cela, cette Chambre des communes élue par la corruption rejette, dans un intérêt de caste, une taxe sur les biens des absents destinée à soulager la misère publique; mesure acceptée même par le ministère. Tant il est vrai qu'il est

---

1. Gordon, *Hist. d'Irlande*, tome III, chap. XXXIII.

dans la nature de tous les courtisans d'exagérer la servitude.

Le peuple agit alors par lui-même. Une occasion se présenta de réclamer impérieusement ses droits, il la saisit et commença cette organisation intérieure des patriotes qui eut une influence capitale sur les événements que nous raconterons bientôt.

Pendant la guerre de l'Indépendance des États-Unis, une flotte française croisait sur les côtes d'Irlande. Le ministère ne pouvant assurer la défense de l'île, des corps de volontaires s'organisèrent et bientôt plus de quarante mille furent enrégimentés et armés, gardèrent les côtes et peut-être sauvèrent l'île.

Par crainte ou par reconnaissance, le ministère propose alors de rendre un peu de liberté commerciale à l'Irlande; le peuple anglais s'y oppose. Des pétitions se signent partout : à Manchester, à Liverpool, à Glasgow; et empêchent qu'aucune concession sérieuse soit faite à l'île sœur, et le roi, précisant la question, dit : « Je ferai tout mon possible pour faire tomber les manufactures de laine en Irlande [1]. » Cet artisan de famine éprouva ensuite des scrupules quand le ministère proposa d'abroger la loi sur les incapacités civiles des catholiques laïques, et de remanier la loi sur les dîmes. Ce fou si mal conseillé, en retardant d'un quart de siècle l'émancipation des catholiques, les poussa à la révolte, et ajouta à tous leurs ressentiments contre l'Angleterre, la haine et le mépris du roi.

Alors, à l'exemple des colonies d'Amérique, les Irlandais décidèrent « qu'aucune des marchandises que l'Irlande pouvait fournir ne serait importée de Grande-Bretagne, avant que les restrictions absurdes qui entravaient le commerce fussent abolies [2] ». On cessa d'acheter les produits anglais. Cette mesure rendit du travail aux manufactures.

Le même esprit animait les Volontaires. Ils gardèrent le pays, maintinrent l'ordre; mais quand l'orateur de la Chambre des communes porta au

---

1. A. Young, *Voyage en Irlande.* — Cornewal Léwis, *Histoire gouvernementale de l'Angleterre.*
2. Gordon, *Hist. d'Irlande*, tome III, chap. xxxviii.

vice-roi les réclamations de l'Irlande (octobre 1779), tous, sous les armes, firent résolument la haie du Parlement au Château, résidence du vice-roi. Les Anglais effrayés se montrèrent conciliants.

Mais le ministère, en faisant des concessions, déclara aux Anglais mécontents qu'elles n'étaient que temporaires.

Ainsi, le roi, le ministère, le parlement, le peuple, l'Angleterre tout entière, avec son égoïsme industriel, son intolérance religieuse, ses privilèges de caste, dédaignant tout essai d'assimilation, n'admettait encore que les procédés de la conquête.

Les Volontaires nommèrent des délégués, organisèrent des réunions dont les ballades ont conservé le souvenir, et la Convention de Dungannon (15 février 1782), où siégeaient les délégués de 140 régiments, répondit aux prétentions despotiques de l'Angleterre par cette fière déclaration : que le roi, la Chambre des lords et les Communes d'Irlande pouvaient seuls faire des lois obligatoires pour les sujets de ce royaume...;

qu'au seul parlement d'Irlande appartenait le droit de fermer les portes de cette île aux vaisseaux venant de l'étranger...; qu'un citoyen ne perd pas ses droits civils en apprenant l'exercice des armes...; enfin que les Volontaires connaissaient toute l'étendue de leurs devoirs envers leur souverain et qu'ils étaient des sujets fidèles, mais qu'ils sentaient aussi ce qu'ils se devaient à eux-mêmes et qu'ils voulaient être libres.

Et le député Grattan, portant au Parlement irlandais la pensée des Volontaires, ajoute : La Grande Charte, et non pas le droit de conquête, a de tout temps constitué l'alliance des deux pays; tout Irlandais, ami de sa patrie, dira toujours : « Liberté avec l'Angleterre si l'Angleterre y consent, mais liberté quels que soient les événements. »

Charles Fox, au nom du ministère wigh, pria (le 9 avril 1782) la Chambre des communes d'examiner l'état misérable de l'Irlande; mais il ne proposa aucun plan. Le parlement de Dublin répondit en acceptant par acclamation les articles de Dungannon, défendus par Henri Grattan. Le premier était relatif à la confection des lois par le parlement d'Irlande; il fut voté et par suite l'égalité de l'Irlande proclamée. Grattan salue ainsi cet événement, cette union par la liberté : « Esprit de Swift, esprit de Molyneux, vous avez triomphé, l'Irlande est maintenant une nation ! »

Non, ce n'est qu'un simulacre de nation; il lui faut encore la réforme parlementaire, un recrutement loyal des députés et non plus leur nomination par des landlords ou par le ministre. Cette réforme indispensable, les Volontaires la demandent : le ministère répond en exigeant le désarmement des Volontaires.

Une nouvelle Convention se réunit à Dublin, le 10 novembre 1783. Mais les prétentions trop démocratiques alors des volontaires et le désir d'essayer d'un accord nécessaire rendent vains leurs efforts. La Convention se sépare avec soumission, après avoir décidé qu'on « travaillerait individuellement à l'achèvement du plan de réforme parlementaire ».

Cette décision montre bien que la soumission

de ce peuple était facile à obtenir avec quelques réformes faites à propos.

Mais ouvrir le Parlement aux catholiques, jamais l'intolérance anglaise n'y eût consenti. La question religieuse était aussi aiguë que chez nous pendant les guerres de religion : l'esprit du XVIIIe siècle n'avait point changé la nation anglaise. Grattan, quoique protestant, demandait encore : « Serons-nous la nation irlandaise ou une colonie anglaise ? Les neuf dixièmes des habitants de l'Irlande seront-ils les serviteurs d'un corps d'administrateurs, de législateurs, d'officiers, de landlords venus d'Angleterre ? Ces protestants seront-ils les maîtres des catholiques ! »

Pitt eût cédé, mais la nation s'obstina ; la question agraire l'épouvantait, les catholiques n'avaient jamais accepté leur spoliation définitive. Ces vaincus, réduits à travailler, comme des valets, dans leurs anciens domaines, se les transmettaient par héritage. Comme la liberté religieuse, comme l'indépendance nationale, l'Irlandais revendiquait sa terre. Après trois siècles de conquête, il disait à l'Anglais : « Rends-moi l'héritage que tu m'as volé! La possession par la conquête ne prescrit pas. »

Les presbytériens n'étaient pas mieux traités que les catholiques; les protestants occupés de commerce et d'industrie souffraient également des lois imposées à l'Irlande. Les landlords, grands propriétaires anglais, et l'administration vivaient de toutes ces souffrances. Tout travail aboutissait à eux. Au lieu de s'occuper des réformes, d'amélioration, ils reprirent leur système d'exploitation de l'Irlande. Les Irlandais catholiques, presbytériens, protestants, reprirent leurs revendications. C'est dans cette lutte que s'acheva le XVIIIe siècle.

Le ministère anglais achetait le Parlement, opposait les Fencibles, troupes composées d'Orangistes intolérants, aux Volontaires, suscitait les haines religieuses, laissait le pillage administratif augmenter : on emportait du Château les armes mises au rebut, qu'on faisait rentrer aussitôt comme armes nouvellement achetées [1].

1. Gordon, *Hist. d'Irlande*.

Les Volontaires désarmés se réorganisèrent sous le nom de Defenders. Les Enfants du droit remplacèrent les bandes anciennes des Cœur de chêne, et tous réclamèrent la terre, la liberté, la réforme parlementaire, comme on réclamait, en France, la convocation des États-Généraux et l'abolition des privilèges. Par une longue série de guerres, de tyrannies, de désordres, de famines, les deux pays en étaient arrivés au même état lamentable; ils formulaient les mêmes revendications. Celles de l'Irlande étaient plus anciennes et paraissaient plus énergiques, aussi Pitt les repoussa-t-il avec plus de violence. Devant ce pays enchaîné mais non dompté, Pitt posa avec netteté la question inéluctable : « Deux systèmes seuls sont possibles, soumettre l'Irlande de façon que tout son travail profite à l'Angleterre, comme cela s'est produit jusqu'ici, ou établir une égale répartition d'avantages et un système d'égalité et d'équité qui n'opprime pas le faible. » C'était la coercition ou la liberté, comme aujourd'hui c'est la coercition ou le Home rule. Toute l'Angleterre réclamait alors, comme elle le fait aujourd'hui, la coercition, quand la France, en prenant la Bastille, montra au monde comment on attaquait le despotisme [1].

---

[1]. Il ne faut pas confondre les *Volontaires*, les *Defenders* et plus tard les *Irlandais-Unis*, avec les *Cœurs d'Acier*, les *Enfants Blancs*, etc. ; pas plus qu'il ne faut confondre aujourd'hui les membres de la *Ligue Nationale* et les partisans du *Plan de Campagne* avec les *Moonligthers* (chevaliers du Clair de Lune). Si leur but est le même, leurs procédés sont trop différents : les premiers attaquent les abus et le despotisme par l'agitation politique et la revendication légale; les autres attaquent les privilèges et les despotes, c'est la propagande par le fait ; les premiers réclament la justice, la liberté, ils y ont droit; les autres se font justice, et, malgré l'excuse de leurs misères et de leur ignorance, sont condamnables. C'est pour eux qu'O'Connel a dit : « La plus grande des bénédictions terrestres est trop chèrement achetée si on la paye d'une seule goutte de sang. »

IV

LA RÉVOLUTION FRANÇAISE ET LA VERTE ÉRIN

Comme en Italie et en Allemagne, la Révolution excita un vif enthousiasme en Irlande. Ce fut une haute espérance pour ces malheureux à qui les vieilles ballades apprenaient que les Français étaient venus les aider jadis, et qu'après la défaite commune, bien des Irlandais s'étaient réfugiés en France, où ils servaient avec honneur [1].

Cette liberté politique et religieuse, ces droits

---

1. « La révolution française a remué tous les peuples; mais il ne se trouve peut-être pas dans le monde un pays auquel elle se soit aussi vite et aussi fidèlement communiquée qu'à l'Irlande. » G. de Beaumont, *l'Irlande sociale et politique*, t. I, p. 183.

de l'homme, cette suppression des privilèges, cette réforme parlementaire politique et sociale que voulait, que réalisait la France, l'émancipation enfin de l'homme et de la terre, n'était-ce pas là les revendications séculaires de l'Irlande? La dîme et les corvées, abolies en France, n'écrasaient-elles pas l'Irlande! La terre, rendue aux paysans français, restait inaccessible à ces cultivateurs ou fermiers dont les aïeux la possédaient; le commerce, devenu libre en France, subissait en Irlande d'insurmontables entraves. Quand les Français, pour briser des résistances obstinées, juraient de faire une constitution et prenaient la Bastille, qui pouvait mieux les comprendre que ces Volontaires et ces Defenders réunis naguère dans un même but? Ce n'est pas un des spectacles les moins instructifs, et des faits les moins glorieux pour nous que cette affection profonde et persistante de l'Irlande catholique pour la France révolutionnaire.

Dès 1789, quand les grandes paroles de la France arrivaient en Irlande (magna voce per umbras), la verte Érin s'éveillait avec sa devise :

Erin go breagh! l'Irlande toujours. Tandis que la presse, les pamphlets, les discussions publiques, vulgarisent nos idées, nos débats et nos victoires, le trèfle vert et le chêne, symboles de la patrie, recommencent à se montrer; on ose se réunir pour célébrer les anniversaires français et chanter le réveil des espérances nationales.

En 1791, à Dublin et à Belfast, en 1792, dans beaucoup de villes, on fête le 14 juillet. « J'étais Irlandais, par conséquent esclave, dit Thomas Moore; la Révolution française agitait l'Irlande opprimée. Je me souviens d'un banquet donné, en 1792, en l'honneur de ce grand événement, où me conduisit mon père, et où j'étais assis sur les genoux du président, quand on porta ce toast : Puisse la brise de France faire verdoyer notre chêne d'Irlande! » Les enfants de cette époque, comme Thomas Moore, Robert Emmet, Miles Byrnes, devinrent les insurgés de 1796, de 1798 et de 1803, et les soldats de la vaillante légion irlandaise [1].

[1]. La légion irlandaise, formée, en 1803, sur le modèle de la légion polonaise, dont elle fut une digne ri-

L'enthousiasme pour la Révolution amène une imitation virile : des gardes nationales s'organisent, et les soldats, habillés et armés par souscription, arborent les couleurs nationales : uniforme à parements verts, boutons portant la harpe placée sous le bonnet de la liberté et non plus sous la couronne. Ils se saluent du nom de citoyen et deviennent républicains de langage, comme ils le devenaient de cœur. « La réforme irlandaise prend ainsi un caractère philosophique qui lui manquait entièrement; son cercle s'élargit, elle procède de plus haut et va plus loin. Tous ceux qu'atteint cet esprit philosophique ne comprennent plus qu'on refuse aux catholiques des droits que l'on reconnaît aux protestants; tous les hommes, étant égaux, doivent participer également aux bienfaits de la constitution; de là une conséquence naturelle : c'est qu'il faut établir le suffrage universel[1]. » Ces sentiments se répandirent et créèrent un irrésistible élan vers l'union

---

vale de gloire, servit la France avec le même courage que les régiments irlandais avaient servi la monarchie.
1. G. de Beaumont, *l'Irlande*, etc., t. I, p. 182.

de tous les patriotes d'où devait sortir la puissante société des *Irlandais-Unis*.

La sympathie pour la France trouva bien vite l'occasion de se montrer. La France était en guerre, envahie, ruinée, disait-on. Une souscription fut ouverte à Armagh, et plus tard à Belfast (1792), par les Irlandais-Unis : nation malheureuse qui en secourait une moins malheureuse qu'elle. Ce denier de la veuve est une touchante preuve de dévouement à opposer à l'école historique, qui n'admet pas que la Révolution nous ait valu des sympathies. Ce mouvement général, comme les eaux sur le sol incliné forment nécessairement une rivière, aboutit spontanément à une association qui prit la direction de l'enthousiasme, le régularisa, le rendit pratique. C'est l'association des Irlandais-Unis. Elle fit en naissant son serment du jeu de Paume de rendre la liberté à l'Irlande.

Un club presbytérien de Belfast et un comité catholique de Dublin, animés des mêmes intentions, s'étant unis pour coordonner leurs efforts, prirent le nom d'Irlandais-Unis. Wolf Tone, avocat protestant de Dublin, fut un des promoteurs de cet acte mémorable ; et c'est aux premières séances des comités unis, en octobre 1791, qu'il gagna le nom de père des Irlandais-Unis, sous lequel l'Irlande a consacré la gloire de cette noble victime. Un autre héros, non moins malheureux, Napper Tandy, rédigea leur manifeste. Le nombre des adhérents augmentant sans cesse, le centre de l'association fut porté de Belfast à Dublin (novembre 1791).

Au moment où l'Angleterre accueillait avec enthousiasme la Révolution, au moment où Pitt refusait de s'allier aux puissances du continent pour attaquer la France, le but des Irlandais-Unis n'était pas de séparer l'Irlande de l'Angleterre, mais d'obtenir un soulagement à leur misère, soit un peu de liberté religieuse, soit la réforme parlementaire. Lord Russel, lord Fingal, Grattan dont la conduite fut toujours si loyale, Charles O'Connor et bien d'autres n'exigeaient que des libertés nécessaires ou plutôt que la suppression d'une tyrannie arbitraire. Réformateurs patients, ils attendaient tout des whigs, auxquels ils appartenaient.

Ces réclamations ne différaient encore que bien peu de celles que beaucoup d'Anglais osaient formuler, en pleine Angleterre. La constitution si vantée pesait à beaucoup : la société anglaise remarquait les privilèges qui la blessaient. A l'exemple de la France, un parti se formait qui voulait les abolir. Ils traduisaient donc les vœux de leurs compatriotes, les citoyens britanniques et anglais qui, le 27 novembre 1792, se présentaient à la barre de la Convention pour rendre cet hommage fraternel aux Français. « Vous n'avez pris les armes, disaient-ils, que pour faire triompher la raison et la liberté! Nous espérons que les troupes de la liberté ne les déposeront que lorsqu'il n'y aura plus de tyrans ni d'esclaves... » (Applaudissements.) « ... On verrait alors la paix assurée par l'union étroite entre la République française et les nations anglaise, écossaise, irlandaise. Nous ne sommes pas les seuls animés de ces sentiments, ajoutait l'orateur, nous pensons qu'ils se manifesteraient également, chez la grande majorité de nos compatriotes, si l'opinion publique y était consultée, comme elle devrait l'être, dans une convention nationale. »

Le président répondit que l'amitié de la France et des peuples qui venaient de se donner à elle était acquise à l'Angleterre, à l'Écosse, à l'Irlande. Il ajouta, avec l'emphase du temps : « Les principes font la guerre à la tyrannie, qui tombera sous les coups de la philosophie. La royauté est, en Europe, ou détruite, ou agonisante, sous les décombres féodaux; et la Déclaration des droits, placée à côté des trônes, est un feu dévorant qui va les consumer. » (Applaudissements.)

Des mouvements populaires en effet se produisaient depuis longtemps en Écosse, en Irlande, même à Londres. Ce n'était pas un feu dévorant, mais c'était une menace; l'aristocratie anglaise les fit rudement réprimer. Les tristes événements survenus en France facilitèrent cette tâche. A la fin de 1792, l'enthousiasme pour la Révolution diminue rapidement [1].

La politique préconisée par Burcke, l'impla-

---

1. G. de Beaumont, *l'Irlande sociale et politique*, t. I.

cable ennemi de la Révolution, prévalut. Toutes les garanties furent supprimées, l'habeas corpus suspendu ; on fit si bien que cette époque a conservé le nom de *Terreur anglaise.* Un lord regretta même, en plein Parlement, qu'on eût aboli la torture. Elle existait en Irlande et on y eut recours. Les mesures les plus rigoureuses furent portées à un excès qui fait vraiment horreur [1], et dépassèrent de beaucoup celles de la Terreur, qui eut des échafauds, mais non des supplices [2].

A côté de Grattan et du parti modéré, à côté de ceux qui, malgré tout, croyaient à la liberté avec l'Angleterre, s'agitaient les Irlandais-Unis, plus audacieux et plus clairvoyants, qui, n'attendant aucune réforme du gouvernement, rêvaient l'indépendance de l'île. A leur tête étaient, avec l'intrépide Wolf Tone et Napper Tandy, qui deviendra un héros légendaire, Archibald Hamilton Rowan, secrétaire de la société, Addis Emmet, le vieux Tales, dont la longue barbe blanche

---

1. Gordon, *Hist. d'Irlande*, tome III, chap. xl, page 192.
2. *Robert Emmet*, in-8º. Paris, 1858, p. 25. Témoignage d'un prêtre qui a vu les deux Terreurs.

apparaît dans les plus rudes échauffourées, William Tod Jones, Simon Buttler, et peut-être ce Jackson qui, deux ans après, sur le point d'être condamné, se tua devant le tribunal.

Même dissentiment se produisit entre les Irlandais, quand, en 1846, Smith O'Brien et la jeune Irlande se séparèrent du vieux O'Connel. Les Irlandais-Unis, plus tard la jeune Irlande, continuaient la logique tradition des vaincus. Ils voulaient la séparation et une république indépendante. Mais, en 1791, les adeptes de ces doctrines étaient encore très peu nombreux, ils étaient moins connus que leurs alliés fidèles à l'Angleterre, et les catholiques enfin hésitaient à se jeter dans un mouvement dont tous les chefs étaient protestants. Ceux-ci attendirent que la nation désillusionnée vînt à eux. « La vérité, disait plus tard Wolf Tone, est que je hais jusqu'au nom de l'Angleterre ; je haïssais l'Angleterre avant mon exil, je la hais depuis, je la haïrai toujours... Il faut briser les liens anglais [1], source de tous les

---

1. *Mémoires de Wolf Tone*, publiés par son fils. Washington, 1826.

maux de l'Irlande. » Malgré six siècles de tyrannie, elle recula devant cette extrémité.

Il dépendit encore une fois de l'Angleterre de jeter la majorité de la nation du côté de Grattan, des whigs et de la modération. Le gouvernement parut hésiter jusqu'en 1794, tout en adoptant de préférence des mesures rigoureuses. Pendant cette période d'incertitude, les plus irréconciliables restèrent à côté des modérés, respectueux à la fois des décisions prises par le Comité et fermes dans leurs projets ajournés. Quel que fût, au reste, le but poursuivi, réformes libérales ou séparation, l'union de tous les Irlandais était indispensable, aussi travaillait-on sincèrement, des deux côtés, à la maintenir.

L'accord, qui s'était produit à la fin de la guerre d'Amérique et que le machiavélisme anglais avait tant voulu détruire, reparut : protestants, catholiques, presbytériens, se retrouvèrent dans les mêmes compagnies de Defenders. Napper Tandy, non conformiste, avait un grade dans une compagnie composée presque uniquement de catholiques. Wolf Tone, protestant, écrivait en faveur des catholiques.

Les Irlandais-Unis, renonçant à leurs projets ou les ajournant (l'avenir en déciderait), invitèrent les protestants d'Irlande à choisir des députés qui se réuniraient, en assemblées provinciales, dans le but de préparer une Convention générale, nécessaire pour faire l'union avec les catholiques.

Les persécutions furent sans effet sur ce grand mouvement qui se transformait. Si quelques membres du comité catholique se retirèrent, le travail de propagande ne fut pas ralenti et le nombre des clubs d'Irlandais-Unis augmenta partout, et principalement dans les villes du sud et de l'est de l'île.

Bientôt on osa désigner des députés; ceux-ci osèrent accepter, et une Convention se réunit à Dublin, dans Blac Lane (novembre 1792). On l'appela par dérision le parlement de Blac Lane. La Convention se borne à adresser une respectueuse pétition au roi. Les commissaires chargés de la porter passent à Belfast. Là, au berceau de l'Union, un événement capital se produit. Les protestants de Belfast reçoivent les députés catholiques comme des frères et comme des rois. On les comble de témoignages d'affection : le peuple détèle les chevaux de leur voiture et traîne lui-même triomphalement les députés catholiques. L'union nationale était faite. C'était le 1ᵉʳ janvier 1793. Les derniers élèves de Carolan, les harpistes qui survivaient à tant de persécutions, se firent entendre une fois encore et réveillèrent, comme une dernière illusion, les échos des chants de l'indépendance.

« Je ne sais quelle flamme héroïque s'était alors allumée dans toutes les classes de la société; au barreau, à la chaire, dans le salon du grand seigneur comme dans la cabane du paysan, la même étincelle électrique faisait vibrer les âmes à l'unisson et animait d'un mâle courage jusqu'au cœur des femmes et des enfants [1]. »

Selon le vœu de Grattan et des comités, au lieu de favoriser un mouvement insurrec-

---

1. Cloncurry and his times; cité dans Robert Emmet.

tionnel, l'union provoqua un mouvement réformiste.

Le ministère alors, grâce à deux hommes qu'avaient unis la haine et la crainte de la Révolution française, Pitt et Burcke, venait d'adopter en Irlande une politique d'apaisement. Elle eut pour résultat de calmer un mouvement prêt à devenir de la rébellion et d'en faire une revendication légale. On abrogea les mesures rigoureuses en vigueur contre les mariages mixtes, contre les écoles catholiques; on permit l'ouverture d'un collège, celui de Maynooht, qui remplaçait les séminaires irlandais de France fermés par la Convention; on permit aux catholiques l'accès du barreau et des emplois dans la marine, l'armée et l'administration; on accorda de très faibles droits de suffrage; la somme des pensions, prélevées sur les revenus de l'Irlande, fut réduite. Mais, en même temps, Pitt défendait l'importation en Irlande des armes et des munitions et il interdisait « toute élection, assemblée ou convention non légale sous le prétexte de préparer ou de présenter des pétitions publiques ou d'autres adresses, soit à Sa Majesté, soit au Parlement ». Enfin on poursuivait et on forçait à s'exiler Napper Tandy, Wolf Tone et les les plus compromis parmi les Irlandais-Unis. Ces deux sortes de mesures visaient le double but de contenter la masse de la nation et d'annihiler les projets des révolutionnaires. Ce dernier point surtout préoccupait le parlement de Londres, qui, dès 1793, instituait un comité secret pour l'étudier et laissait deviner sa préférence pour les moyens coercitifs. Le ministère, au contraire, opta pour la conciliation et, à la fin de 1795, se décida à nommer un vice-roi d'Irlande, plein d'une ardente sympathie pour ce pays, lord Fitz William. L'émancipation des catholiques devenait possible : le vice-roi était autorisé à ne pas s'opposer à un vote favorable sur la question, si le parlement de Dublin en prenait l'initiative.

Un immense enthousiasme, une immense espérance traversa l'Irlande. L'Angleterre pouvait enfin saisir l'île sœur sans l'étouffer.

Les révolutionnaires, les chefs des Irlandais-Unis, les séparatistes, comme on dirait aujourd'hui, furent presque universellement abandonnés. « La noblesse catholique, dit O'Connel, les gentilshommes, les négociants et les autres classes instruites jusqu'au dernier homme presque, se séparèrent du parti républicain [1]. »

Les catholiques qu'on avait toujours accusés de professer des idées dangereuses et condamnables publièrent avec empressement un désaveu qui n'était en réalité qu'une réponse aux objections formulées par le ministère. Ils désavouaient hautement la théorie de l'assassinat politique : qu'il soit permis d'assassiner un roi excommunié, de tuer les hérétiques; les catholiques ajoutaient qu'ils n'avaient aucun sentiment d'hostilité contre les autres sectes, qu'ils ne croyaient pas que le pape pût délier les sujets du serment de fidélité, qu'ils faisaient même l'abandon formel de toute prétention sur les biens enlevés, à différentes époques, à leurs ancêtres. C'était le renoncement suprême. Anglicans, calvinistes, papistes, se réunissaient dans les idées de liberté

---

1. O'Connel, *Mémoire sur l'Irlande* adressé à la reine Victoria. Traduction Fournier.

et d'égalité, et le clergé, le curé irlandais, si différent du nôtre, travailla, d'accord avec les prêtres des autres religions, à l'apaisement nécessaire.

Malgré l'enthousiasme pour la liberté, malgré une misère affreuse, la majorité des Irlandais-Unis restait encore fidèle à l'Angleterre.

Le loyal Grattan, qui était alors le véritable souverain de l'opinion, ne réclamait que la réforme parlementaire. Tout favorisait l'Union dans cette occasion suprême; et l'échec des armées françaises et la fermeture du séminaire des Irlandais à Paris et à Saint-Omer; et l'arrestation du supérieur; et celle du général O'Meara à Dunkerque et la condamnation du général O'Moran, tous les deux au service de la France, et l'influence du pape excommuniant tous ceux qui manqueraient à l'obéissance due à George III; et les massacres de septembre et l'irréligion bruyante de la commune de Paris; et les idées et les plans des Irlandais-Unis, qui paraissaient beaucoup trop démocratiques.

Les chefs plus avancés ou plus clairvoyants

déjà expulsés ou qui l'étaient successivement, Rowan, Wolf Tone, Napper Tandy, abandonnaient toute direction. L'heure était aux modérés, aux conciliateurs, à Grattan et à ce vice-roi qui écoutait ses conseils. L'Irlande semblait prête à faire ce premier pas si difficile que la Vendée se décida à oser l'année suivante, sous l'autorité ferme et bienveillante de Hoche.

Comment l'Angleterre répondit-elle à l'Irlande ? le voici : Grattan présenta la motion relative à l'entrée des catholiques dans le Parlement; le vice-roi s'y montra favorable et parla de la « sollicitude paternelle du roi pour ses enfants, trop longtemps victimes d'une persécution insensée et d'une théologie impie [1] ».

Le lendemain, Fitz William n'était plus vice-roi. Le roi, dans sa sollicitude paternelle, le rappelait brutalement. Quand il repartit pour Londres, le peuple de Dublin dételades et traîna sa voiture jusqu'au port où disparut, avec le vice-roi populaire, la dernière illusion. La politique de

---

1. Gordon, *Hist. d'Irlande*, tome III, p. 218.

coercition l'emportait : lord Cambden et le général Lake étaient chargés de l'appliquer, et le parlement de Dublin, justifiant d'avance toutes les révoltes, et donnant raison à Tone dédaigneux de ces réformes partielles et éphémères, repoussait la motion de Grattan.

L'Angleterre, qu'avait exaspérée la noble expérience de Fitz William, se rejette, comme sur une proie, sur l'île sœur : le roi, pour défendre la Compagnie des Indes, le clergé anglican pour ses dîmes et son autorité, les grands seigneurs pour leurs pensions, les landlords pour reprendre un droit absolu sur leurs terres, le marchand pour aggraver les douanes, l'administration pour raviver son arbitraire. En vain quelques milliers de citoyens, conservant encore leur raison, défendaient les projets de liberté, la nation entière s'y opposait et les amis mêmes du ministère lui imposaient de satisfaire les haines de race et l'égoïsme national : vraie crise de rage anti-irlandaise!

Pitt dut céder. Il ordonne de ne plus tenir compte des bills en faveur des catholiques. Aux moyens légaux les plus durs l'administration substitue les moyens illégaux. Le gouvernement fait arrêter et transporter, pour le service de la marine royale, tous ceux qu'on juge nuisibles à la tranquillité publique, mesure inique que le parlement consacre dans l'acte d'insurrection qui inaugure le régime des suspects. Perquisition dans les maisons pour découvrir les armes; mise en suspicion de ceux qui sont absents de chez eux, sans motif valable au gré du magistrat; suspension de l'habeas corpus; emprisonnement des suspects, sans alléguer de motif, sans fixer l'époque du jugement; tortures, pillages : voilà la nouvelle politique. L'exécution en est confiée à des soldats indisciplinés, dont les violences ajoutent d'horribles cruautés aux sévérités de la loi. Des Orangistes fanatiques, réunis en corps, oppriment les catholiques à tel point que, de la province d'Armagh, quatorze cents familles se réfugient dans le Connaught. Pour aider les soldats et les Orangistes, le gouvernement organise des corps à cheval (green horse, yeomen cavalry) composés principalement de fermiers (fencibles, anciens Bretons). La politique de la conquête et l'oppression des vaincus ne se dissimulaient plus; c'était le despotisme, sans un acte de bonté. A toutes les revendications on répondait par la coercition.

On a souvent dit que l'Irlande était attachée à l'Angleterre comme une barque à un vaisseau; ce jour-là le câble qui les reliait fut coupé sans retour. L'Irlande tout entière renonça à rien attendre de l'Angleterre, et, puisqu'il fallait conquérir l'indépendance, l'Iroïs indomptable releva la tête. Il venait de s'adresser à l'Angleterre, en résistant à son penchant pour la France; il revint résolument à la France, et Wolf Tone et Napper Tandy remplacèrent Grattan dans la direction de l'opinion.

Mieux que les documents officiels, les ballades du temps, non littéraires comme celles que Thomas Moore écrira bientôt, mais les ballades populaires, dont les auteurs inconnus vivaient dans les masures et sous le fouet anglican ou seigneurial, nous montrent les douleurs et la résistance. Voici la cocarde verte[1].

---

1. *The wearing of the green* (le port du vert).

« O cher Paddy, as-tu entendu la nouvelle qui circule ? Par ordre de la loi, défense au samrock[1] de pousser sur la terre d'Irlande. Nous ne garderons plus le jour de saint Patrick, on ne peut plus voir ses couleurs, et il y a une loi cruelle qui défend de porter le vert.

« J'ai rencontré Napper Tandy, et il m'a pris par la main et il m'a dit : comment va la pauvre vieille Irlande et où elle en est ?

« C'est le pays le plus désolé qui fût jamais vu jusqu'ici, car là-bas ils pendent hommes et femmes pour avoir porté le vert.

« Ah ! si la couleur qu'il nous faut porter est le rouge cruel d'Angleterre, qu'il vous fasse souvenir du sang qui a coulé de l'Irlande !

« Alors arrachez le samrock de votre coiffe et jetez-le sur le sol, et ne craignez rien, il prendra racine là, si foulé sous les pieds qu'il soit.

« Quand les lois sauront empêcher les brins d'herbe de pousser comme ils poussent, et que

---

[1]. Le samrock est le trèfle, emblème de la verte Érin. *Journal des Débats*, article de M. Darmesteter.

les feuilles, en été, n'oseront plus montrer leur couleur.

« Alors, je changerai les couleurs que je porte à ma corbine (coiffe irlandaise). Jusqu'à ce jour-là, s'il plaît à Dieu, je porterai jusqu'au bout le vert. »

Et tandis qu'il chantait ses ballades, ce peuple si profondément religieux attendait la liberté, de cette même terre de France qui lui avait envoyé jadis saint Patrick, le patron de l'Irlande !

V

LA PROSCRIPTION IRLANDAISE

Pendant que les Irlandais appelaient un libérateur, les proscrits irlandais entraient en négociation avec le Directoire de la République française, à qui les événements survenus dans le continent imposaient l'idée d'une descente en Angleterre.

Le projet n'était pas nouveau. Les ministres de Louis XIV et de Louis XVI l'avaient étudié. Ils avaient tenté souvent de jeter des troupes sur les côtes de la Grande-Bretagne et de l'Irlande et réussi quelquefois, notamment en 1690, précisément dans cette baie de Bantry que Hoche allait choisir pour opérer son débarquement.

Le Comité de Salut public, au plus fort du

danger, en 1793, ordonnait au ministre de la marine (arrêté du 22 septembre 1793) de faire, dans le plus bref délai, tous les préparatifs nécessaires pour débarquer cent mille hommes sur les côtes d'Angleterre. En même temps qu'on examinait les anciens projets, notamment celui qu'avait élaboré de Veaux, en 1783 [1], des offres de service se produisirent et l'exécution commença.

Dix jours après l'arrêté, Bouchotte, ministre de la guerre, fournit l'état de la nouvelle armée, dont une vingtaine de bataillons sont déjà prêts.

Un médecin, président du club secret des Amis de la Constitution de Dublin, et un colonel de cavalerie, proposèrent au Comité de passer en Irlande, de faire éclater l'insurrection et, pour faciliter le débarquement des troupes françaises, de s'entendre avec les Irlandais-Unis.

En même temps, Ira Allen offrait d'insurger le Canada et la haute Écosse, dont on ferait un État

---

1. Bonnet, député de la Haute-Loire, transmit au Comité ce plan, qui est actuellement aux Archives nationales.

indépendant de l'Angleterre, sous le nom de Colombie [1].

Les Irlandais réfugiés à Philadelphie étaient déjà nombreux et auraient énergiquement travaillé au succès de cette entreprise, qui fut reprise, en 1848, par les Irlandais d'Amérique.

Le Comité aussitôt envoyait en Angleterre et en Irlande des agents secrets. Un d'eux, Jackson, singulier espion qui fit des confidences à un procureur anglais, se fit prendre, après avoir compromis Wolf Tone, et fut pendu.

Les premiers bataillons réunis en Bretagne et en Normandie durent, à la hâte, se tourner d'abord contre l'armée vendéenne qui assiégeait Avranches et contre la flotte anglaise qui menaçait d'opérer un débarquement, ensuite contre l'insurrection bretonne.

Après thermidor, il fut encore question sinon d'un débarquement, au moins d'une descente dans les îles Normandes, devenues un repaire d'émi-

---

[1]. Archives nationales, AF. 858. Dans le carton où se trouvent ces pièces est un modèle du drapeau de cette République, qu'il ne faut pas confondre avec la Colombie fondée par Bolivar.

grés et de chouans. Le Comité de Salut public refusa simplement d'autoriser cette diversion nécessaire à la pacification de la Vendée et que demandait Hoche [1]. Le Comité, où dominaient les thermidoriens et parmi eux les Aubry, les Boissy d'Anglas, les véritables « représentants de la royauté [2], » répondit qu'il était préférable de comprimer le terrorisme.

Ainsi, les dangers d'abord, la réaction ensuite, s'opposèrent à ce projet. Mais ces retards, attribués bientôt à l'impuissance et à l'impossibilité de réussir, enracinèrent le préjugé, encore accrédité de nos jours, que l'Angleterre est invulnérable dans son île. Le découragement remplaça l'enthousiasme des temps d'audace ; et de cette conception hardie il ne resta qu'un sujet de bravades oratoires pour les Conventionnels, et de plaisanteries antipatriotiques pour les réactionnaires. Cependant Carnot, Hoche, Clarke et les Irlandais gardaient au fond du cœur l'espérance d'obtenir, par ce moyen, les uns la paix, les

---

1. Lettre du 28 avril 1796.
2. *Mémoires de La Réveillère-Lépeaux*, t. I.

autres une éclatante vengeance et l'indépendance de l'Irlande.

Pendant ces années d'attente, vivaient et s'organisaient à Paris les Irlandais proscrits. Leur réunion, tout à fait différente de celle des émigrés français à Coblentz ou à Londres, ressemblait à celle des Polonais, des Italiens ou des Alsaciens, après les partages et les annexions.

D'abord les Irlandais ne s'étaient pas séparés des Anglais et des Écossais que l'amour de la Révolution attirait en France, ou que les sévérités de Pitt et du Parlement forçaient à s'expatrier. Anglais, Écossais et Irlandais se présentaient ensemble, le 27 novembre 1792, à la barre de la Convention, pour rendre un hommage fraternel aux Français; et, quand Belfast nous envoyait des souscriptions en faveur de nos armées, des délégués de la Société constitutionnelle de Londres annonçaient le don patriotique de mille paires de souliers.

En janvier 1793, tous les sujets britanniques résidant à Paris fondaient, à l'hôtel anglais de White, passage des Petits-Pères, n° 7, la Société des Amis des Droits de l'homme : Thomas Payne, lord Fitz-Gerald, que Pitt raye pour cela de l'armée anglaise, Thomas Muir, l'Écossais proscrit pour son attachement à la Révolution, O'Connor, descendant des rois d'Irlande, le vieux Tale, Ira Allen, Napper Tandy, le héros légendaire, Emmet, frère de celui qui devait insurger l'Irlande en 1803, les frères John et Henri Sheares de Cork, dont on montre encore, à Dublin, dans les caveaux de Saint-Michan, qui embaument naturellement les corps, les cadavres décapités [1]. Le premier, ardent et aventureux, assista à la prise de la Bastille et adora Théroigne ; le second, doux, modéré, heureux époux d'une femme adorée, fut jugé et condamné par un de ses rivaux. Peut-être les généraux irlandais ou d'origine irlandaise au service de la France, O'Moran, O'Meara, Clarke, futur duc de Feltre, son oncle, le vénérable Shée, en qui Hoche eut toute confiance, parurent-ils dans ce club. Au milieu d'eux, Pitt entretenait des

1. Pichot, *l'Irlande et le pays de Galles*, t. II, chap. v.

espions qui lui annonçaient que le fougueux Sheares était le boute-feu des patriotes irlandais exilés à Paris et qu'il proposait une adresse à la Convention pour porter les armes contre l'Angleterre[1]. Tous, exilés volontaires ou bannis, comparant tant de liberté à tant de servitude, attendaient, avec les espérances, mais, hélas! aussi avec les haines du proscrit. « Le diable me met quelquefois dans la tête que je suis à Paris, comme Annibal à la cour de Prusias, suppliant ce prince de faire la guerre aux Romains. »

« J'aime les Français avec tous leurs défauts, et la guillotine à leur tête; je les aime mille fois mieux que les Anglais[2]. »

Les séminaristes de Saint-Omer, que la suppression des établissements religieux forçait à quitter la France[3], mais auxquels la Convention

---

1. *Mémoires et correspondance du vicomte Castlereagh.* Londres, 4 vol. 1848.
2. *Mémoires de Wolf Tone.*
3. Parmi eux se trouvait O'Connel, le futur grand agitateur. — On en comptait 505 dans les divers séminaires de France, dont 27 professeurs et 405 séminaristes tonsurés. Leur retour en Irlande coïncida avec la réaction contre les idées françaises et l'accentua.

offrait 500 francs pour les rapatrier; les commerçants irlandais qui ne trouvaient aucun débouché en Angleterre, les Irlandais-Unis, les Defenders poursuivis, des médecins, des prêtres, des officiers, protestants et catholiques, s'unirent sans distinction de religion, dans le commun amour de la patrie. La tyrannie anglaise leur envoyait chaque jour de nouvelles victimes qui répétaient que la pauvre vieille Irlande souffrait à mourir.

C'est dans cette colonie à peine entrevue par l'histoire, au cours de tant de tragiques événements, qu'eut lieu cette poétique idylle, le mariage de Fitz-Gerald, et cette autre idylle si différente, l'amour de Sheares pour Théroigne de Méricourt.

Lord Fitz-Gerald, né en 1763, passa la plus grande partie de sa jeunesse en France, où il prit nos habitudes et nos goûts. Il fit ensuite la guerre d'Amérique dans les rangs anglais, siégea plus tard au Parlement irlandais, où rien ne chassait l'ennui que de rares revendications en faveur de la liberté; puis visita l'Europe, l'Amérique, courant le monde à l'aventure et étudiant partout l'art militaire avec prédilection. La vieille Angleterre cessa bientôt de plaire à ce Child Harold tout pénétré d'idées nouvelles et généreuses. Fitz-Gerald écrivait alors d'Amérique que, s'il n'avait sa mère, il ne reviendrait jamais en Angleterre. A son retour, il se lia et se brouilla bientôt avec Fox et Sheridan, repoussa les avances de Pitt, passa en France, adopta avec enthousiasme les idées révolutionnaires, et fut, comme nous l'avons dit, rayé des cadres de l'armée. Pitt, par cette mesure, désignait un chef à l'opposition irlandaise et peut-être un roi à l'Irlande.

C'est alors que, lassé de politique, de voyages et d'études, Fitz-Gerald se sentit envahir par l'amour. Il y avait à Paris, dans le fameux salon de Mme de Genlis, une belle orpheline, née on ne savait où et fille d'on ne savait qui. Elle était venue d'Angleterre, à l'âge de cinq ans. *Maman* Genlis, qui voulait enseigner les langues, par la conversation, aux nobles élèves dont elle était *gouverneur*, avait demandé un enfant à un

Anglais ami du duc d'Orléans. On expédia, comme un colis, la plus jolie petite fille de l'Angleterre. L'enfant s'appelait Nancy, maman Genlis la baptisa Paméla. Entourée de tendresse et de soins qui parurent à la malignité parisienne les preuves d'une origine princière [1], Paméla reçut la même éducation que les princes et les princesses de la famille d'Orléans et devint, à quinze ans, une douce et spirituelle enchanteresse. Les chefs de la Révolution, Pétion, Barrère, David, se réunissaient autour d'elle, dans le salon-club de la gouvernante, et Camille Desmoulins disait à un qui se targuait d'une inébranlable fermeté : « Avez-vous été exposé à Paméla ? »

C'est Paméla que Fitz-Gerald cherchait, à Paris, en 1792. Les fêtes et les causeries académiques venaient de cesser : ce n'étaient partout que soupçons et trahisons ; et Mme de Genlis, effrayée et menacée, songeait à fuir et à rejoindre les autres *émigrées jacobines*. Elle partit,

---

1. On disait Paméla fille naturelle du duc d'Orléans.

emmenant Paméla, que suivait Fitz-Gerald, et les maria, à Tournai, comme dans un camp, entre les armées françaises et autrichiennes prêtes à en venir aux mains, le lendemain de Jemmapes et la veille de Nerwinden (décembre 1792). Paméla avait seize ans, Fitz-Gerald trente. Ils s'enveloppèrent de bonheur et disparurent pendant les rapides années où l'on parlait encore en Irlande de conciliation.

Tout autres furent la passion et l'histoire de Sheares. Aussi enthousiaste que Fitz-Gerald, aussi épris de la beauté et de l'esprit, Sheares conçut pour Théroigne de Méricourt une profonde passion. Cette Vénus qui, la fougue de 1789 passée, s'essayait au rôle de Minerve, ne recevait de ses adorateurs qu'un *encens épuré*. Sheares, comme Buzot, aima dans le salon-club de la belle patriote, causa politique dans ce nouveau Rambouillet où se réunissaient Romme, Sieyès, Pétion, le prince Strogonof, et suivit Théroigne dans ses variations. Après avoir maudit la royauté et les rois, attaqué la Bastille le 14 juillet, et les Tuileries le 10 août, Théroigne réclama la pitié, conseilla la modération. Apaiser, concilier, ce rôle qui convient si bien à la femme, Théroigne résolut de le jouer [1]. Sheares, généreux et enthousiaste, qui avait assisté lui aussi à la prise de la Bastille et des Tuileries, reçut la permission d'aimer sans espoir, et s'en contenta comme dans les cours d'amour ; platonique chimère qui éveille dans l'esprit des réminiscences de ce XIIe siècle où les passions étaient aussi violentes et les sentiments aussi exaltés. John Sheares, comme son héroïne, réclama la pitié, surtout en faveur de la reine, pour laquelle il avait manifesté des transports d'admiration en visitant Trianon. Ce fils des ballades concilia, pendant ces dures années où tant de folies et de grandeurs enveloppaient les hommes, et l'amour pour Théroigne et l'admiration pour la reine, et l'enthousiasme pour la Révolution et la fidélité à l'Irlande. A la fin de 1793, John Sheares revint à Cork. Là il oublia Théroigne, et s'éprit bientôt d'une belle et cou-

---

1. *Théroigne de Méricourt*, par Marcellin Pelet.

rageuse Irlandaise, travailla à l'œuvre libératrice avec son frère, et fut livré au bourreau, sans pouvoir sauver ce frère, sans avoir épousé la bien-aimée qui le pleura toute sa vie, sans voir poindre la liberté.

Au fort de la persécution de 1792 et 1793, les Irlandais-Unis s'étaient modifiés : ils avaient resserré les liens de l'association et s'étaient organisés pour l'action militaire. Le parti modéré ou anglais s'était retiré ou effacé : et, après le renvoi de Fitz-William, les *séparatistes* avaient pris la direction des affaires. Aux pendaisons, aux incendies, au pillage, aux emprisonnements, conséquences du régime militaire et de la suspension de l' « habeas corpus », l'association répondait en préparant, dans le silence, une formidable insurrection. Leurs chefs, Fitz-Gerald, Wolf Tone, Napper Tandy, John Sheares, Emmet, O'Connor [1], organisèrent alors l'association sur les bases du secret et du serment, qui font la force des sociétés persécutées, et renou-

---

[1]. Rapport de M. Pelham, secrétaire du Lord lieutenant d'Irlande, à la Chambre des communes.

velèrent régulièrement le mot d'ordre, ce qui leur donna l'allure et la sécurité d'une armée.

Le premier degré de l'association est dans les comités baronniaux : il en existe au moins un par baronnie, mais il se divise dès qu'il devient trop nombreux. Les comités baronniaux d'un comté élisent un comité de comté; les comités de comté élisent les comités provinciaux, qui élisent à leur tour le comité national, le plus haut degré du pouvoir politique. Le comité national a donc à ses ordres une organisation calquée sur celle même de l'Angleterre, de sorte que le président peut tenir tête au vice-roi, et opposer à l'un quelconque de ses agents un membre de l'association, jouissant, pour ainsi dire, d'une égale autorité dans une hiérarchie similaire.

Les devoirs respectifs et les fonctions de ces comités sont exactement déterminés; ils sont entre autres choses autorisés à lever des contributions en argent et à les employer dans une certaine proportion, à acheter des armes, des munitions, etc.; à secourir les membres de l'association, victimes de l'arbitraire, à leur fournir des aliments, à leur procurer un avocat, à pourvoir à la subsistance des veuves et des orphelins, à régler tout ce qui a trait à l'élection des officiers.

L'acte d'organisation fixe en outre la manière dont sera choisi le Tribunal chargé, au début de la Révolution, de statuer sur la propriété et même sur la vie des accusés.

Les membres de l'association prêtaient le serment de favoriser, par tous les moyens en leur pouvoir, la fraternité et l'union entre les Irlandais ; de ne jamais porter témoignage par crainte, par espérance, ou par tout autre motif, contre aucun de leurs frères; de ne pas répéter au dehors ce qui pourrait être dit dans les assemblées de la société.

Ce serment se résumera bientôt ainsi : « loyauté et fidélité aux nations française et irlandaise [1] ».

Il résulte de pièces établies avec le plus minu-

---

1. *Mémoires de Wolf Tone.*

tieux détail (listes d'adhérents, de souscripteurs, états des armes, des munitions, etc.) qu'il y avait, dans la seule province d'Ulster, soixante-douze mille Irlandais-Unis; que, dans un autre comté, ils possédaient dix-huit mille mousquets et huit canons. Les comtés de Kildare, de Dublin, de la ville de Dublin, d'Antrim, de Wexford, sont bien organisés. Partout on chasse les indignes, on éloigne les hésitants, car le moment d'agir est proche.

Dans un comté, en effet, l'argent des souscriptions (l'enquête parlementaire le révéla) « a été versé quelque temps avant l'époque ordinaire, parce qu'on espérait que nos amis arriveraient bientôt à Bantry [1] ». Dans d'autres pièces, les comités exhortent le peuple à la tempérance, à la sobriété, à la concorde; invitent les Defenders qui ne sont pas Irlandais-Unis à le devenir; dévoilent la perfidie du Gouvernement qui veut une insurrection prématurée afin de l'écraser, et de ruiner ainsi, d'un seul coup, toutes leurs

---

1. Enquête de la Chambre des communes.

espérances pour l'avenir comme pour le présent. Tout soulèvement partiel est inutile, dangereux; il faut l'éviter en préparant le soulèvement général pour un jour encore inconnu. Aussi les comités veillent avec soin à ce que les hommes soient régulièrement organisés en compagnies et bataillons, que les soldats soient bien connus des officiers, et les officiers des soldats, et qu'ils soient tous toujours prêts à agir au premier ordre, parce qu'on ne sait pas quand il sera donné.

Le comité national s'acharne à publier les nouvelles de France; les comités locaux les répandent et les commentent. Tous combattent les whigs et leurs procédés lents et réguliers pour obtenir des améliorations partielles que l'on repousse comme un piège; tous veulent la réforme complète, absolue, la Révolution. « Il faut que le gouvernement change entièrement son système ou qu'il soit lui-même violemment renversé. » Comme en France, les Irlandais-Unis répètent que, devant la tyrannie, l'insurrection est le plus saint des devoirs.

Mais si l'insurrection échoue! Eh bien! on appellera les Français. « Dix mille Français suffiraient pour séparer l'Irlande de l'Angleterre, disait Tone en 1793. Appelons les Français de suite, et, après la victoire, soyons sans pitié pour une aristocratie qui est sans pitié depuis six siècles. »

Voilà l'état d'esprit créé par les persécutions et par l'exil, justifié par l'exemple de la France et les cruautés de l'Angleterre. Il gagna toute l'île. Le ministère s'effraya et redoubla de violence sans rassurer personne. « Hélas! bientôt peut-être l'Irlande ne fera plus partie de l'empire britannique », cria lord Grey en plein parlement.

C'est alors que Wolf Tone arriva en France. Parti d'Irlande le 13 juin 1795, Tone se rendit d'abord en Amérique, à Philadelphie, auprès du docteur Reynold et d'Hamilton Rowan. Le moment d'agir leur parut arrivé : ils décidèrent de demander des secours au gouvernement français. Wolf Tone partit pour Paris, bravant les croisières anglaises. Non seulement les patriotes l'encourageaient, mais sa femme, dont la fermeté n'était nullement abattue par les souffrances passées, le supplia, avec une âme et une résolution toutes romaines, de ne pas sacrifier ses devoirs envers sa Patrie à sa sollicitude pour elle et pour ses enfants [1].

Il échappe aux Anglais, sous le nom de James Smith, et, muni de lettres de l'ambassadeur français à Philadelphie, arrive à Paris (février 1796). Il remet au ministre Delacroix deux mémoires sur la situation de l'Irlande, le projet de descente et la coopération des Irlandais et des Français [2].

Wolf Tone demandait trente mille hommes et un bon général. La difficulté de réunir les hommes et le choix du général faisaient hésiter les négociateurs, lorsque le capitaine digne de cette haute mission s'offrit de lui-même. Hoche, la Vendée pacifiée, désirait infliger à l'Angleterre les coups que nous en avions reçus en Bretagne et en Vendée. Après avoir préparé une atta-

[1]. *Mémoires de Wolf Tone.* — *Mémoires de Carnot.*
[2]. Ces deux mémoires manuscrits, qu'il ne faut pas confondre avec les mémoires de Wolf Tone publiés par son fils, sont aux Archives nationales.

que contre les îles de Jersey, Guernesey et Aurigny [1], il méditait la tentative plus hardie de jeter quelques milliers de soldats en Angleterre. Il organisait dans ce but la légion des Francs, avec laquelle Humbert risquerait l'aventure.

Mais, à mesure que la pacification les rendait libres, Hoche demandait à faire « passer, successivement et sur différents points, assez de troupes pour qu'un homme de tête pût aller changer chez nos voisins la face de leurs affaires [2] ». Bientôt une petite armée fut disponible.

C'est au moment où la grande pensée militaire de Hoche paraissait réalisable, que Wolf Tone adressait au Directoire la prière de cent mille Irlandais-Unis.

Le Directoire, dès le mois d'avril, en informa Hoche, qui s'empressa d'agir. Il donna immédiatement des instructions à un bon officier de son état-major, sur lequel il comptait, le capitaine

---

1. Arrêté secret du 6 ventôse an IV.
2. Lettre de Hoche au Directoire, 22 prairial an IV.

Mac Sheehy, et l'envoya en Irlande aider l'agent secret du Directoire [1].

Agir rapidement, secrètement est la condition du succès; l'énergie et l'accord sont nécessaires également. Quelle fut la douleur du jeune général, dont la devise était *res non verba*, de constater partout bavardage, incurie! La marine française qui devra faire les transports fait « en vérité pitié;... il n'y a de secret ni dans la marine ni ailleurs ». Le Directoire hésitait toujours; l'amiral Villaret-Joyeuse préconisait une expédition dans les Indes. Il proposait de jeter en passant cinq mille hommes en Irlande, tandis que deux petits corps nouveaux, organisés en Bretagne et à Ostende, essayeraient plus tard de les secourir ou de mourir comme eux; car qu'attendre d'un pareil éparpillement? « Si les moyens de la marine française, écrivait le Directoire à Hoche, avec un sincère regret, eussent permis de porter, en même temps dans la Connacie, les seize mille hommes destinés à assurer la liberté de l'Irlande,

---

[1]. Lettre de Hoche au Directoire, 9 floréal an IV, publiée dans *le Général de Grouchy et l'Irlande en 1796*.

il n'eût pas hésité à vous demander de vous mettre à la tête d'une si glorieuse entreprise [1]. »

A cette nouvelle, Hoche court à Paris. Il y arrive, en messidor an IV, au moment où les chambres proclamaient que l'armée de la Vendée et son général avaient bien mérité de la Patrie.

Hoche et Wolf Tone étaient enfin réunis : même jeunesse, même ardeur, même dévouement les animaient. Si l'Irlande pouvait être délivrée, Hoche et Wolf Tone la délivreraient.

Ils se rencontrèrent chez Clarke, directeur du bureau de Topographie, qui, sous l'œil de Carnot, s'occupait de cette expédition. Clarke, le futur duc de Feltre, était d'origine irlandaise, et son cœur excitait sa grande intelligence dans une affaire qui le touchait doublement. C'est dans son bureau, aux Tuileries, qu'eut lieu, entre les deux héros, cette première conversation, que l'un deux, Wolf Tone, a racontée.

Hoche, toujours préoccupé de ses soldats, demanda d'abord s'il pourrait se procurer du pain

---

[1]. Le Directoire au général Hoche, 19 juin 1796.

en Irlande. « Oui, répondit Tone, aussitôt que le débarquement sera effectué. — Pourra-t-on constituer un gouvernement provisoire? — Oui, si les forces débarquées sont suffisantes : elles doivent de beaucoup dépasser deux mille hommes. — Quant aux prêtres, dont l'action préoccupe Hoche, il ne faut pas compter sur leur assistance, déclare Tone. Mais, ajoute-t-il, je ne les crois pas capables de nous opposer un obstacle réel; leur influence sur l'esprit public est considérablement affaiblie. »

La conversation fut interrompue par Clarke, qui emmena Hoche et Wolf Tone dîner chez le directeur Carnot, au Luxembourg. Aucun détail n'est omis dans ces pages, où le proscrit se complaît au récit de ses espérances et où nous voyons avec intérêt la vie simple d'un chef de gouvernement. — Après le dîner, Hoche demanda si les Irlandais voulaient une République, et, sur la réponse affirmative de Wolf Tone, il parut très satisfait. Mais quand l'Irlandais ajouta que l'aristocratie était menacée, le jeune général, que la Terreur et la Vendée avaient instruit, « répondit que l'effusion du sang était ce qu'il redoutait le plus, et que son premier désir était de l'éviter; mais que malheureusement, dans une insurrection comme celle qui était près d'éclater en Irlande, il devenait bien difficile de sauver toutes les personnes exposées à la haine publique; qu'il croyait donc que le meilleur moyen de diminuer le nombre des victimes était de faciliter le passage en Angleterre des membres de l'aristocratie qui tenteraient de fuir ». L'abondance du sang répandu, ajouta Hoche, a fait à la liberté un mal immense et suscité des difficultés sans nombre à la Révolution française. Le pacificateur de la Vendée apaisa les rancunes de l'Irlandais, lui fit abandonner ce désir de représailles sanglantes qui caractérise les partis et imprima à la rébellion l'allure qui convient à une nation luttant pour l'indépendance [1].

Des trois millions d'opprimés qui peuplaient l'Irlande, cinq cent mille étaient insurgés, et les

---

1. Memoires de Wolf Tone. — Voir sur ce changement, qui peut paraitre douteux, Gordon, *Hist. de l'Irlande*, t. III, et G. de Beaumont, *l'Irlande sociale et politique*, t. I.

différences de religion ne les divisaient plus. La faiblesse de l'armée anglaise en Irlande, la présence d'un grand nombre de matelots irlandais dans la flotte ajoutaient aux chances de succès. C'était, il est vrai, une insurrection de pauvres; mais les Irlandais d'Amérique envoyaient des secours en argent, et puis les Gueux, quoique aussi pauvres, n'avaient-ils pas délivré la Hollande, sans secours et sans argent? et eux aussi n'avaient-ils pas commencé par être fidèles à un roi?

Wolf Tone demandait au Directoire vingt mille hommes; un plus grand nombre compromettrait peut-être un jour l'indépendance de l'Irlande; moins n'assureraient pas sa délivrance. Le corps principal (15 000 hommes) marcherait sur Dublin; le reste attaquerait Belfast. Enfin on enverrait autant d'armes que possible : trois cent mille insurgés en réclamaient.

En débarquant, le général français devra, disait Wolf Tone, au nom des Irlandais-Unis, publier un manifeste répudiant toute idée de conquête, garantissant la liberté de conscience et les propriétés, et invitant le peuple à élire une Convention nationale [1]. Si l'élection était impossible, les Irlandais-Unis étaient disposés à laisser le gouvernement au comité catholique de Dublin, composé de modérés; rare exemple de désintéressement. Comité ou Convention lèverait les impôts, nommerait les fonctionnaires, punirait les traîtres, et inviterait la milice anglaise à se rallier au nouveau gouvernement, qui promettrait le prix de toute arme livrée, un congé définitif à tous ceux qui voudraient se retirer du service et, à ceux qui se signaleraient par leur zèle, un avancement rapide et une part proportionnelle dans les distributions de terres ou dans les autres récompenses ajournées à la fin de la guerre.

« Je suis sûr, a écrit Wolf Tone, comme de mon existence, que cette proclamation seule nous attirerait tout de suite toute la milice de l'Irlande. Mais, je le répète, il faudrait pour produire un

---

[1]. Proclamation de Hoche à la nation irlandaise : « Vous « ferez le choix d'une forme de gouvernement qui assure « la durée de votre indépendance. » Rousselin de Saint-Albin, *Vie et Correspondance de Laz. Hoche*, t. II, p. 414.

pareil effet que cette proclamation partît d'un gouvernement constitué[1]. »

Aux flottes anglaises dans lesquelles, l'année suivante, éclatèrent de si violentes révoltes, le gouvernement adresserait une proclamation analogue. Il exhorterait les matelots irlandais, qui l'exécutèrent un an après d'eux-mêmes[2], à s'emparer des vaisseaux sur lesquels ils se trouvaient et à les amener dans les ports de l'Irlande, où le Gouvernement payerait la valeur de ces prises.

Enfin le gouvernement insurrectionnel rappellerait les absents, sous peine de confiscation de leurs biens, et adresserait au peuple un cordial appel à la défense de la Patrie, au nom de l'union et des principes d'indépendance nationale, de liberté civile, politique et religieuse[3].

Ce n'était donc pas une province qui se livrait à une nation plus forte; l'Irlande traitait avec la

---

[1]. *Mémoires adressés au Directoire.* Archives nationales.
[2]. Révoltes des flottes anglaises en 1797.
[3]. La proclamation de Hoche est exactement conforme à ces vues. *Mémoires de Wolf Tone.* Arch. nat.

France comme une nation traite avec une autre nation. Elles contractaient une alliance offensive et défensive, et s'engageaient à ne pas traiter l'une sans l'autre avec l'Angleterre.

Rien n'était plus légitime, ni plus chevaleresque. Quelques années plus tard, quand Byron appelait l'Europe au secours de la Grèce, et que la France la délivrait, le poète demandait pour les Grecs ce que *la pauvre vieille* réclamait pour ses fils, et la France accomplissait alors une œuvre semblable à celle qu'elle tentait en 1796.

L'Angleterre, en nous attaquant, cherchait, sous prétexte de venger Louis XVI, à s'emparer de Calais, de Dunkerque et de Cherbourg. La France n'entrait en Irlande que pour la délivrer, et n'attaquait l'Angleterre que pour lui imposer la paix. Voilà les sentiments sur lesquels l'accord s'était fait entre les insurgés et le Directoire. « La modération singulière dont la République française a usé envers la Hollande, dans les temps que ce pays était en son pouvoir, a eu un effet inconcevable sur l'esprit de tous les amis de l'indépendance en Irlande et a surmonté presque totalement les répugnances que plusieurs montraient à courir les chances d'une révolution[1]. »

La cupidité des Anglais, maîtres de nos colonies et brûlant Toulon, put-elle jamais rassurer ainsi les émigrés français? Non! mais, aveuglés par leurs projets d'asservissement, ils pardonnaient tout à l'étranger!

Rien ne différencie mieux ces deux émigrations si dissemblables que leur conception de la patrie. Pour l'Irlandais, elle est dans la liberté et la nation, pour les Français dans le privilège; l'un regrette les champs paternels, l'église et les ballades, l'autre les pensions sur le livre rouge, Versailles et l'Opéra. L'Irlandais avait dans le cœur le patriotisme et l'esprit révolutionnaire de nos jeunes armées; l'émigré français y avait un égoïsme de droit divin. Tous les deux eurent un grand courage; mais, mis aux prises avec les plus imprévues tragédies sociales, le Français les traversa comme un décor de comédie, l'Irlandais les envisagea avec une haute

---

1. *Mémoires de Wolf Tone.* Archives nationales.

idée de devoir et de justice. Aussi quand, à Londres ou à Coblentz, renaissaient les intrigues de Versailles, à Paris ou à Philadelphie, toute querelle religieuse s'éteignait, et on travaillait fraternellement. Enfin malgré le préjugé contraire, que viendra enraciner, hélas! la conduite des Irlandais de notre temps, l'émigration française fut plus prompte à l'assassinat que l'émigration irlandaise, et encouragea la chouannerie quand l'autre condamnait les crimes agraires. « L'assassinat n'était pas entré dans le système de l'Union, » dit Gordon, l'historien protestant de l'Irlande. Les deux émigrations avaient cependant une commune origine : l'esprit catholique, la revendication de la liberté religieuse. Mais les gentilshommes de Coblentz réclamaient la liberté pour aboutir à la royauté, les autres pour échapper à la servitude; de là, la logique alliance des premiers avec les Anglais, quoique ceux-ci fussent protestants, des autres avec les Français, quoique ceux-ci eussent si maltraité l'Église catholique.

Ah! si leur commune religion les eût réunis;

si l'émigration française, sans consentir à servir la Révolution, eût tiré l'épée pour secourir l'Irlande et, renonçant par patriotisme à combattre pour son roi, eût combattu pour son Dieu; si elle eût fait au nom de l'Évangile ce que la Révolution tenta au nom de la fraternité, quelle leçon pour les partis, pour la Révolution, et pour l'ancien régime, pour le présent et pour l'avenir! Délivrée de ses plus ardents ennemis, la Convention n'eût pas frappé comme elle le fit les soldats de Condé, tristes complices de l'étranger; ceux-ci, loin de trahir la patrie, auraient ajouté à sa gloire une entreprise digne des Bayard et des Duguesclin, et peut-être aussi heureux que le Français qui fonda le royaume du Portugal, auraient-ils attaché, au flanc de l'ennemi héréditaire, un État libre et ami de la France!

VI

NAISSANCE D'UNE RÉPUBLIQUE

L'émancipation de la verte Erin, sa transformation en République est la première manifestation du plan de propagande révolutionnaire que le Directoire et Bonaparte adoptèrent tour à tour, et qui consistait à entourer la France de petits États alliés. La Hollande, le nord de l'Italie, la vallée du Rhin, deviendront successivement des républiques ou des monarchies amies de la France. La république Irlandaise, entrevue la première, ne naquit jamais.

Les révolutions qui troublèrent les républiques Cisalpine et Batave, feront dire que l'Irlande échappa à une destinée peu enviable. Hélas!

son martyre depuis 1789 a dépassé toutes les douleurs qui accompagnent l'enfantement de la liberté. Mais ces douleurs inévitables eussent été moindres pour elle que pour les États continentaux, grâce à son isolement, à la loyauté du Directoire, à la loyauté de Hoche!

Isolée, par conséquent à l'abri des jalousies et des excitations qui troublaient la Lombardie; incapable d'avoir pour le maître chassé le retour de tendresse qui prit les Italiens, l'Irlande n'avait à craindre ni nouvelles délimitations territoriales, ni l'ingérence de voisins jaloux, ni les passages de troupes, ni les opérations militaires, ni les soupçons d'un vainqueur qui s'affaiblit.

Le Directoire, composé de La Réveillère, Barras, Carnot, Rewbell et Letourneur, ne poursuivait pas cette conquête. Sa sincérité éclate dans les instructions qu'il donne à Hoche, et qui convenaient si bien à la droiture du général et à son enthousiasme d'apôtre. Ces instructions, destinées à rester secrètes, furent peut-être rédigées par Carnot seul; adoptées par tous, elles sont un titre d'honneur pour le Directoire tout entier.

Hoche les avait réclamées; il les voulait précises, détaillées, suffisantes pour tirer d'embarras le général dont les communications avec la France seraient probablement interrompues dès qu'il aurait débarqué. Dans les cas imprévus, disait-il, il saurait trancher, mais il ne voulait le faire qu'en se conformant à des vues générales.

« Quelle sera, demande-t-il, la conduite que tiendra le général, au moment où l'insurrection éclatera? et, dans la supposition même où le peuple irlandais se soulèverait tout d'un coup, doit-il se mettre à la tête de toutes les troupes levées et diriger le mouvement insurrectionnel? Doit-il se charger de la défense générale du pays, ou simplement se conduire, après l'organisation de l'armée irlandaise, comme général d'un corps auxiliaire? La dignité nationale, la gloire des armes de la France, de la République, permettront-elles cette dernière démarche? Il importe que le gouvernement se prononce sur ce point [1]. »

[1]. Hoche au Directoire, 28 messidor an IV. *Inédit*. Archives nationales.

Voici la réponse du Directoire :

« Dans le cas où le peuple irlandais se soulèverait en masse, vous ne devez pas hésiter de vous mettre à la tête de toutes les troupes levées et de prendre la première direction du mouvement insurrectionnel. C'est à vous qu'appartiendra pareillement la défense générale du pays et le commandement de l'armée irlandaise après son organisation... Vous devez éviter avec le plus grand soin de vous trouver jamais considéré seulement comme général d'un corps auxiliaire [1]. »

Hoche demande encore quelle conduite il doit tenir, dans le cas où il ne se rendrait à la *Convention irlandaise* que quelques personnes obscures, sans talent, sans crédit. Devront-ils être regardés comme les législateurs du peuple irlandais ? « Nul doute, d'ailleurs, que, si les membres du comité catholique et ceux de l'assemblée de l'union des Defenders se rassemblent, on ne doive les considérer comme les véritables

---

[1]. Instructions pour le général en chef Hoche, pour l'expédition d'Irlande, du 1er thermidor an IV. Registre des délibérations secrètes du Directoire, page 60, n° 233. Archives nationales AF. III, 20. *Inédit.*

représentants de la nation. Dans ces deux cas, nous pensons qu'il faudra user de ménagements et se conduire avec la loyauté, la générosité qui caractérisent la nation française, chercher toujours à concilier les insurgents qui pourraient se diviser par des motifs quelconques et conduire les esprits vers le gouvernement républicain.

« Il est également important de connaître quelle conduite l'officier général commandant doit tenir, si l'Irlande, bien qu'en se détachant de l'Angleterre, conserve pour le gouvernement monarchique un attachement tel que l'assemblée des députés adopte la royauté, et donne à la nation irlandaise un chef pris dans son sein.

« Que conviendrait-il de faire si aucune assemblée n'a lieu, si l'armée irlandaise aux ordres et à la solde de l'Angleterre ne se dissout pas, si le gouvernement anglais porte en Irlande des forces capables de la maintenir dans la soumission ? Pourra-t-on traiter le pays comme une conquête, et, en cas d'échecs, est-il un arrangement, une capitulation à faire avec le gouvernement anglais [1]? »

On voit, par les préoccupations généreuses de Hoche, combien les Irlandais-Unis avaient raison de se fier à lui. Les instructions du Directoire étaient inspirées par les mêmes sentiments de loyauté envers les alliés, sans oublier l'intérêt de la France.

« ..... Les Irlandais veulent désormais vivre sous le gouvernement républicain, répondait le Directoire. C'est à conserver ces sentiments et à les fortifier, par tous les moyens qui sont en votre pouvoir, que vous devez vous attacher principalement. Plus les Irlandais se rapprocheront du système que nous avons adopté, plus nous pourrons compter sur une alliance permanente entre la France et leur pays. Il est facile de comprendre combien le général qui doit mener, dans ces contrées, les troupes françaises destinées à les affranchir, aura de facilité pour diriger l'esprit public vers le but le plus avantageux à la France et à l'Hibernie.

---

[1]. Hoche au Directoire, etc.

ESCANDE.

« Vous ne devez donc rien épargner pour que ce pouvoir de direction ne vous échappe jamais et pour qu'aucun intrigant, tel que les révolutions ont coutume d'en élever à leur aurore, ne cherche à l'arracher de vos mains, en vous réduisant à jouer un rôle secondaire, incompatible avec la dignité de la République française, et qui répondrait si peu aux efforts puissants qu'elle va faire pour rendre les Hiberniens libres.

« Tant que les troupes françaises seront en Irlande, notre situation politique demande que nous tenions les rênes du gouvernement de ce pays et que les principaux agents soient soumis à la République de France, jusqu'à la paix générale. Ils devront donc vous consulter dans toutes les occasions, et n'agir que d'après l'impulsion que vous leur donnerez. Cette marche, ordonnée par les circonstances actuelles, et dont le principal but est de déjouer les intrigues de toute espèce de l'Angleterre, ne peut être nuisible à l'indépendance immédiate de l'Hibernie, puisque vous dirigerez toujours les nouveaux gouvernants, selon le vœu du Directoire, vers la liberté et le bonheur qui l'assure. »

Dans le cas où le comité catholique et l'assemblée des Defenders et des Irlandais-Unis se rassembleraient, « ils devront être considérés comme les véritables représentants de la nation. Mais il sera utile de ne laisser durer leur pouvoir que jusqu'au moment où le peuple, convoqué en assemblées primaires, aura nommé une représentation légale. Vous vous attacherez principalement à ce que leur première Convention nationale ne soit ni mal composée, ni trop nombreuse.

« Nous vous laissons libre de dissoudre, en usant de tous les moyens que votre prudence vous suggérera, toute assemblée nationale, générale ou particulière, dont la majorité se dirigerait dans le sens du gouvernement anglais et d'après des principes également funestes pour la France et l'Hibernie.

« A défaut de mieux, un gouvernement républicain tel que celui de Gênes, avec plus de liberté, pourrait être choisi. Il faut éviter avec un soin particulier que le vœu du peuple hibernien ne se tourne vers la monarchie; et, si c'était impossible, tous vos efforts devront tendre à donner à la nation un chef du pays, bien disposé en faveur de la France et bien connu comme ennemi passionné de l'Angleterre. Il devrait être de la religion catholique et romaine, ce qui donnerait une garantie de plus contre l'union future de l'Irlande et de l'Angleterre.

« Dans cette hypothèse, l'organisation constitutionnelle monarchique devra donner au pouvoir exécutif de grands moyens sans lesquels l'Hibernie serait reconquise de nouveau par l'Angleterre.

« Si aucune assemblée ne se réunit, et si l'armée anglaise ne se dissout pas, et qu'elle soit augmentée, la première chose à faire sera de la combattre et de la vaincre. Mais s'il est impossible de triompher, vous devrez alors séparer vos forces, organiser une chouannerie dans le pays, et chercher à vous y maintenir dans cet état, jusqu'à ce que la République française vous fasse passer des troupes capables de vous rassembler en corps d'armée régulier, et dans aucun cas il n'y aura de capitulation à faire avec le gouvernement anglais. »

Ainsi l'Irlande restait libre de s'organiser à sa guise, de prendre Fitz-Gerald pour protecteur ou pour roi. Hoche le répétait dans sa proclamation. Même liberté lui était laissée au point de vue religieux. Les instructions de ce Directoire qu'on a tant accusé d'intolérance, et tant ridiculisé à propos de la théophilanthropie, ne laissent aucun doute à cet égard. « Il faudra éviter des querelles de religion qui ne pourraient que propager désastreusement les premières crises révolutionnaires... Il n'y a pas d'inconvénient de laisser subsister les trois religions anglicane, presbytérienne et catholique romaine, dans l'état à peu près où elles sont à présent, avec la condition que les croyants de chacune d'elles payeront leurs prêtres ou ministres, qui, dans aucune circonstance, ne doivent être à la charge du gouvernement[1]. » « Tolérance fraternelle pour tous les cultes », dit Hoche dans sa proclamation.

---

1. Registres des délibérations secrètes du Directoire.

Cet allié, dont l'Irlande acceptait le loyal concours, recommandait enfin au général de préférer les moyens moraux à la force : « Tout ce qui peut augmenter le nombre des mécontents, qu'une révolution ne manque jamais de faire, doit être écarté par vous avec sollicitude. Vous userez en conséquence de tous les moyens de conciliation que les circonstances mettront en votre pouvoir, pour maintenir l'amour et la concorde parmi les patriotes hiberniens. Il est inutile de vous recommander de les diriger avec assez d'adresse pour qu'ils n'aperçoivent qu'à peine la main qui les conduit vers l'indépendance et le bonheur de leur pays. »

Des généraux qui servaient la République, aucun n'était plus capable ni plus digne que Hoche d'accomplir avec douceur et succès cette haute mission. Aussi bien les généreuses instructions du gouvernement que le caractère de Hoche auraient garanti la République irlandaise des troubles, des coups d'État qui ont assombri l'histoire de nos créations républicaines en Italie. Ces tristes événements en effet sont moins le résultat d'un système politique adopté par le Directoire que des vues et de l'ambition personnelle du général auquel échut la mission de délivrer l'Italie. Bonaparte fut toujours et partout un artisan de tyrannie, et sa conduite en Italie, loin de prouver les tendances despotiques des Directeurs, prouve leur faiblesse. Le général Bonaparte ne tenait pas compte de leurs instructions ; eux ratifiaient ses désobéissances. Rien de semblable n'était à craindre en Irlande.

Hoche avait les vertus qui ont fait les grands citoyens de l'Amérique, les Washington et les Franklin : le respect de la liberté du peuple et de l'autorité civile. Au lieu de l'égoïsme du condottiere qui caractérise Bonaparte, Hoche avait ce sentiment de discipline nationale qui, chez les chefs d'armée, assure le respect des alliances, l'obéissance des troupes, et garantit la constitution. Il aimait la France plus que son armée, son armée plus que lui-même ; enfin il s'attacha toujours à ceux pour lesquels il travailla et lutta. S'il eût envahi l'Irlande, sa grande joie eût été de la voir libre, prospère, reconnaissante.

Ces vœux, il les avait formés pour la Bretagne et la Vendée vaincues, pour le Palatinat envahi. Le lendemain de la pacification de l'Ouest, il rendit au pays le gouvernement civil; l'année suivante, à la tête de l'armée de Sambre-et-Meuse, il créa une *commission dite intermédiaire*, composée de Français et d'Allemands, qui, en pleine conquête, et malgré les fournisseurs, adoucit les rigueurs de l'occupation militaire.

Cette joie civique d'être l'apôtre armé de l'Évangile révolutionnaire ne pouvait suffire à Bonaparte, absorbé dans ses rêves d'usurpation. En 1796, il eût montré l'Irlande comme une proie; c'est ainsi qu'il venait de montrer l'Italie et l'Égypte [1]; et en 1803, lorsque, appelé par Robert Emmet, il réunissait à Brest une armée de débarquement, il ne songeait qu'à ajouter une vice-royauté de plus à son rêve impérial. Aussi ne doit-on pas conclure que l'honnête soldat

---

1. « Je promets au soldat qu'au retour de cette expédition il aura à sa disposition de quoi acheter six arpents de terre. » Proclamation de Bonaparte à l'armée d'Égypte. Hoche dit au contraire à l'armée d'Irlande : « Je ne veux pas avec moi des hommes qui n'ont d'autre mobile que l'or. »

eût, à l'exemple de l'ambitieux perfide, transformé sa mission, avili sa conquête, traité l'Irlande comme le fut Venise; le contraire est vrai. La conduite irréprochable des soldats du général Humbert prouvera bientôt que l'Irlande eût été traitée comme une terre amie; la vie de Hoche prouve que l'Irlande eût été délivrée.

Aussi avec quel enthousiasme sa nomination fut-elle accueillie en Irlande! Les ballades nationales en gardent le précieux souvenir.

« Ah! les Français sont sur la mer, dit la Shan van Vocht (la pauvre vieille), les Français sont dans la baie; ils vont être ici sans délai, et l'orange va se flétrir! »

« Et où auront-ils leur camp? dit la Shan van Vocht. C'est au Currag de Kildare (champ de manœuvres), et les gars seront tous là avec leurs piques bien aiguisées; c'est au Currag de Kildare, et les gars se réuniront, et lord Edward sera là. »

« Et que feront alors les Yeomen? dit la pauvre vieille. Eh! qu'ont-ils à faire les Yeomen, que de rejeter le rouge et le bleu et de jurer d'être fidèles à la Shan van Vocht! »

« Et quelles couleurs porteront-ils? Et quelle couleur doit-on voir où furent les foyers de nos pères, que leur vert, leur vert immortel! »

« Et l'Irlande sera libre, alors, dit la pauvre vieille. Oui, l'Irlande sera libre depuis le centre jusqu'à la mer. Hurrah donc pour la liberté! dit la Shan van Vocht[1]. »

L'opinion publique en Angleterre, très irritée alors contre Pitt et George III, désirait la fin d'une guerre ruineuse et commençait à appréhender vaguement une descente. L'opposition parlementaire exprima cette crainte. Irriter sans trêve la France victorieuse, en Italie avec Bonaparte, en Allemagne avec Jourdan, en Vendée avec Hoche; susciter sans cesse à la France nouveaux ennemis, nouveaux embarras, nouvelles insurrections; c'était l'attirer dans l'île sœur, peut-être même en Angleterre, soit pour exercer des représailles, soit pour imposer la paix. Une descente en Angleterre! on sait l'exaspération des Anglais à cette idée. L'opinion publique se mani-

---

1. *Journal des Débats.* Art. Darmesteter.

festa avec tant d'énergie en faveur de la paix, que Pitt se décida à leurrer Français et Anglais par des négociations. Il envoya lord Malmesbury en France, sous le prétexte de traiter de la paix, mais en réalité pour observer, comme on disait alors, et donner à l'opposition royaliste française l'occasion d'accuser le Directoire de prolonger volontairement la guerre. Cette comédie diplomatique n'interrompit ni les intrigues de Pitt pour empêcher la conclusion du traité de Campo-Formio et renouer la coalition, ni les préparatifs du Directoire. Le machiavélisme du ministre anglais ne changea donc rien à la situation militaire, ni aux relations internationales, mais il modifia profondément la situation intérieure à Paris et à Londres. Les deux peuples voulaient également la paix; le ministre anglais trompa l'Angleterre et regagna sa popularité; le Directoire dit la vérité et perdit la sienne. Cette aberration de l'opinion publique se produisit au milieu des préparatifs de l'expédition, et donna l'apparence du patriotisme aux résistances, à la trahison même.

VII

PLAN DE L'EXPÉDITION

La plus audacieuse décision de cette époque d'audace est bien cette expédition d'Irlande. Tous les obstacles et tous les dangers étaient réunis : les vents, les brouillards, les croisières, les côtes abruptes ou gardées, l'immense renommée de la marine anglaise. Successivement toutes les difficultés accidentelles ou préméditées compliquèrent ces obstacles ou ces dangers. Mais Hoche s'attendait à tout; rien ne l'arrêta, et son énergie soutint le Directoire, comme elle lui inspira la première décision. Elle est ainsi conçue :

« Le Directoire, voulant mettre un terme à

l'audace et à la perfidie de l'ennemi le plus cruel de la République et user d'une représaille légitime trop longtemps retardée, arrête : Une armée de quinze mille hommes, aux ordres du généra Hoche, sera débarquée en Irlande dans le plus bref délai. Un corps de cinq mille hommes, commandé par le général Quantin, sera également débarqué sur la côte est de l'Angleterre[1]. »

Ce débarquement opéré, tandis que Hoche soulèverait l'Irlande et l'organiserait en République, tandis que Quantin, dans le duché d'York, immobiliserait une partie des forces anglaises, la flotte rentrée à Brest y reprendrait des troupes prêtes et les porterait en Irlande, de façon à élever à vingt mille hommes au moins le corps principal. D'autres vaisseaux débarqueraient en Angleterre Humbert et cinq mille hommes, pour aider Quantin dans sa guerre de partisans.

Ces deux généraux, évitant à tout prix de gagner l'Écosse, devaient se diriger au contraire résolument vers le sud et menacer Londres.

---

1. Arrêté secret du 30 fructidor an IV. — Reg. secret des délibérations. Arch. nat.

A défaut d'Humbert, dont la destination a varié, la seconde Légion des Francs, levée secrètement, devrait être jetée sur la côte ouest, le plus près possible de Bristol [1]. Ce coup de main hardi fut réalisé : car il est à remarquer que tout ce qui se fit sans faiblesse et sans lenteur réussit.

Hommes et chefs étaient capables de seconder le jeune général. Les soldats étaient ces vainqueurs de la chouannerie et de la Vendée, rompus à la plus difficile des guerres, qui avaient subi toutes les misères, déjoué toutes les ruses, osé toutes les hardiesses.

Faisant la guerre depuis plus de trois ans, sans trêve, sans repos, ces débris indomptables, presque invulnérables, des Volontaires formaient le cœur, la portion héroïque des demi-brigades qu'on venait d'organiser. Dans la 27ᵉ par exemple, désignée pour l'expédition d'Irlande, se retrouvaient les survivants de trois bataillons de Volontaires : le deuxième de la Manche, le premier du Pas-de-Calais et le septième de l'Allier.

---

[1]. Instructions secrètes de Hoche pour Quantin. *Inédit*. Archives nationales.

Il en était de même dans les autres corps, et l'histoire de chacun ressemble à celle du bataillon de la Manche qui nous a été conservée.

Parti le 11 juillet 1792, après six mois passés à Avranches, le deuxième bataillon de la Manche fut incorporé dans l'armée de Kellermann. Le bataillon assista à la bataille de Valmy, à la reprise de Verdun ; passa dans l'armée de la Moselle, à l'avant-garde des chasseurs des Vosges, et revint au siège de Lille. Après seize mois de campagne, au moment de l'*amalgame*, le deuxième bataillon de la Manche, réuni à ceux du Pas-de-Calais et de l'Allier, forma la demi-brigade de l'Allier (5 janvier 1794).

Maintenue dans l'armée du Nord, cette demi-brigade entre en campagne le 26 avril, et prend part à toutes les affaires qui préparent la victoire de Fleurus. Aussitôt après, elle est lancée en Belgique et en Hollande, et coopère à ces deux conquêtes, dans les eaux et sur les glaces. Elle tenait garnison à Berg-op-Zoom, lorsqu'elle fut dirigée sur la Vendée, sous les ordres du général Gratien.

Un an après, la guerre civile apaisée, la demi-brigade, réduite à 1800 hommes, forma, avec les débris d'autres corps, la 27ᵉ demi-brigade, à l'effectif de 4000 hommes, à laquelle Hoche prit deux bataillons.

Les généraux et les officiers étaient dignes de commander à ces soldats. Peu connus maintenant, car ce fut longtemps un danger de célébrer leur mérite, Chérin, Lemoine, Debelle, Mermet, Quantin, Richepanse, Hardy, Watrin, Humbert, Grouchy, Souham, Spital, Meunier, Marcheret, Regnier, Bigarré, Jouan, Simon, Swiney, Ménage, Privat et dix autres, formaient autour de Hoche une pléiade jeune et brillante, qui rivalisait de valeur et de science avec les futurs maréchaux de l'Empire [1]. A ce groupe se rattachaient presque tous les chefs des armées de la Moselle, de la Vendée et de Sambre-et-Meuse. Parmi ceux qui participeront à l'expédition d'Irlande, les plus marquants sont Chérin, Grouchy, Lemoine, Watrin, Mermet, Humbert, Hatry, Quantin.

[1]. Championnet, Ney, d'Hautpoul, Soult, etc., avaient été ou allaient être sous les ordres de Hoche.

Le plus capable, comme le plus aimé, c'est Chérin, le confident de Hoche et son chef d'état-major. Esprit militaire de premier ordre, égal à Desaix par le courage et la prudence, mais ayant une plus haute conception de la liberté, Chérin avait trente-quatre ans : c'était le plus âgé de cette troupe héroïque. Il était parti, en 1792, comme volontaire. Ce n'est pas à lui qu'on peut attribuer les mobiles imaginés pour rabaisser l'élan de cette époque : étourderie de la jeunesse, insouciance d'un homme sans famille, pauvreté ambitieuse. Chérin, riche, père de famille, vivait occupé d'études historiques, dans la savante maison de Dacier, dont il avait épousé la fille. Repos, fortune et bonheur furent sacrifiés à l'enthousiasme patriotique et à ses épreuves.

Chérin était adjudant général dans l'armée de Dumouriez. Au moment de s'enfuir dans le camp autrichien, Dumouriez, ne pouvant entraîner ses troupes, ordonna d'arrêter Chérin, qui les retenait. Chérin menaça le traître de faire tirer sur lui. Pendant la Terreur, Chérin fut mis en prison : il en sortit en thermidor, et fut envoyé dans les départements du centre (Loir-et-Cher, Nièvre, Loiret et Indre), où il apaisa rapidement une révolte naissante, ce qui le fit apprécier par Hoche, sous les ordres duquel il venait d'être placé.

Cette conformité de sort et de pensées, la science et le désir d'employer à la fois la conciliation et l'autorité, le même désintéressement, le même amour de la gloire, le même dévouement à la patrie et à la République, qu'ils ne séparaient pas, firent naître entre les deux généraux une amitié profonde. Hoche reconnut en Chérin l'administrateur incorruptible et consommé, capable de comprendre et d'exécuter ses projets ; Chérin reconnut en son chef un de ces héros privilégiés, aptes à diriger un peuple, comme le fit Washington, sans l'opprimer comme un Bonaparte.

On racontait sur Chérin de ces traits qui émerveillent les troupes. Des fantassins accablés de fatigue gravissaient une côte escarpée : Chérin, à cheval, les excitait. Un d'eux murmurant qu'il était facile d'aller vite, quand on était à cheval,

Chérin met pied à terre et donne son cheval au soldat. La marche continue : un coup de fusil part, le soldat tombe. « Qui veut prendre sa place? » crie Chérin, et, sans attendre, il remonte bravement à cheval, laissant les soldats tirer la morale de l'événement.

Mêlé au coup d'État de fructidor, Chérin, dit un écrivain du Consulat, fit excuser la part qu'il y prit par le dévouement le plus absolu et l'abnégation la plus entière de tout intérêt personnel[1]. Chef d'état-major de l'armée du Danube, sous Masséna, Chérin contribua à la victoire de Zürich. Blessé dans la bataille, il mourut après avoir assuré le salut de la patrie. Ce fut le dernier général auquel une assemblée républicaine accorda des regrets publics[2].

Le général Debelle, beau-frère de Hoche, commandait l'artillerie en Vendée. Il avait accepté ce poste difficile, refusé par Bonaparte, et

---

1. *Galerie militaire*, par Babie et Beaumont, an XIII.
2. En apprenant sa mort, le Corps législatif l'honora de ses regrets, et Lacuée le présenta pour modèle aux militaires, « parce que, né avec de la fortune, il était mort presque dans l'indigence ».

l'occupait dignement. Debelle passa ensuite à l'armée de Sambre-et-Meuse et se distingua à Neuwied. Il acquit, comme officier d'artillerie, une grande réputation, que l'insuccès de la retraite de Novi, qu'on s'entêta vainement à lui attribuer, ne lui fit pas perdre. Comme Chérin, sa carrière fut courte : il fut de ceux que Bonaparte envoya mourir à Saint-Domingue.

Avec Debelle et Chérin, Auguste Mermet [1], général de brigade, fut de l'intimité de Hoche. Constamment employé en Vendée ou en Allemagne, ce jeune homme de vingt-cinq ans à peine était aimable, intelligent et très brave, mais préférait administrer et pacifier que combattre. Après la mort de Hoche, il passa à l'armée d'Italie et fut tué au combat de Lonato.

Lemoine [2], qui commandait l'avant-garde de l'expédition, s'était engagé dans l'ancienne armée

---

1. Né vers 1773 ou 1774. Il y a deux autres Mermet : le général Augustin Mermet, le plus connu, et Antoine Mermet, colonel en 1809, mort en 1820. — Auguste Mermet a laissé un intéressant rapport sur la situation de l'Ouest. Voir *Moniteur*, 23 messidor an IV.

2. Né à Saumur en 1764.

et était devenu un très bon instructeur. Hoche, Richepanse, Quantin étaient comme lui de bons sous-officiers en 1789. Lemoine fut élu lieutenant-colonel par les volontaires de Saumur et se montra, dès le premier jour, inflexible sur la discipline. Nommé général, il participa successivement au siège de Lyon, à la guerre contre l'Espagne et enfin à celle de Vendée. Hoche le prit en affection pour son inébranlable dévouement à ses soldats et à la patrie, et l'admit dans l'armée de Sambre-et-Meuse. Malgré des actes de bravoure éclatants et des talents militaires incontestés, Lemoine fut disgracié dès les premiers jours du Consulat, et n'obtint de reprendre du service qu'en 1814. Il s'illustra alors par la défense de Mézières, donnant ainsi raison à Hoche contre Bonaparte.

Hédouville, officier de l'ancienne armée, instruit, conciliant, devint général en 1793, et fut chef d'état-major de l'armée de la Moselle. Emprisonné et délivré, sur les mêmes soupçons et presque en même temps que Hoche, il fut encore envoyé avec lui en Vendée. Chef d'état-major de l'armée des côtes de l'Océan, Hédouville aida à la pacification, s'inspirant des exemples de justice et de douceur que lui donnait Hoche. Hédouville, dans l'expédition d'Irlande, commandait les troupes de réserve.

Sauf Grouchy, qui devint maréchal et dont il est juste de signaler ici la science militaire et la profonde affection pour Hoche, les autres généraux sont moins connus. Aux qualités qui font les bons militaires, chacun en ajoutait une qui le distinguait : le général Hardy était un savant, il avait dressé la carte du Hundsruck et fit faire des progrès à la topographie; Humbert, ignorant et léger, était excellent pour les plus difficiles coups de main; Ménage, avec plus de calme, avait les mêmes audaces : c'est lui qui avait escaladé le fort Penthièvre; Watrin, étranger à tous les partis, se consacrait tout à la guerre; après s'être distingué une dernière fois à Marengo, il ira mourir à Saint-Domingue; Quantin avait servi dans la marine et rendit par ce fait de grands services; Meyer, ancien aide de camp de Lafayette, Rey, Gratien, qui n'étaient point sans reproche, mais braves et intelligents, étaient de vaillants subordonnés.

Il ne faut pas conclure de cette incomplète énumération de noms oubliés, que Hoche ne fut entouré que de ces médiocrités que dédaigne l'histoire. D'autres lieutenants dévoués et restés célèbres prouvent la bonté de ses choix. Mais, parmi ceux-là, les uns, à sa mort, se tournèrent vers un autre chef, et c'est de leur nouveau chef qu'ils ont préféré parler dans leurs Mémoires ; les autres, restés fidèles à leur première affection, furent sacrifiés. Parmi les premiers, on compterait Ney, Soult, Saint-Cyr, Lefebvre; parmi les seconds, Bonaparte choisit les victimes qu'il envoya à Saint-Domingue : Richepanse, Hardy [1],

---

[1]. Le parti pris d'envoyer les amis de Hoche aux Antilles ne me paraît pas douteux et le choix de Hardy confirme cette opinion. Tout en effet désignait Hardy pour un service en Europe, ses longues études en Allemagne, sa connaissance des pays dont il avait dressé la carte, enfin une blessure récente, reçue à Ampfingen. Bonaparte exigea qu'il partît : il mourut presque en arrivant. Le biographe du général Hardy dit au contraire que le général consentit à faire partie de l'expédition *sur les instances du général Leclerc*. L'impartialité nous faisait un devoir de mentionner cette version. — Voy. *Mémoires militaires* du général Jean Hardy. *Baudoin*, 1883.

Debelle, Humbert, Watrin, Meyer, qui faisaient partie de l'expédition d'Irlande, et Dugua, Boudet, Desfourneaux, Bachelu, Clauzel, Lapoype, qui étaient de Sambre-et-Meuse. D'autres tombèrent sur le champ de bataille : Chérin, Mermet, Ménage. A cette pléiade se seraient joints et Championnet, et Dubois-Crancé, et Lecourbe, et Delmas, et Malet, et Bernadotte, et Jourdan, et Masséna, et Oudinot, et Dessolles, et Dumas, et bien d'autres qui n'acceptèrent pas le coup d'État de Brumaire sans irritation.

Ce général en chef, voué à une fin prochaine, n'avait pas trente ans ; son état-major, qui devait le suivre si promptement dans la tombe, était composé d'hommes de vingt-cinq à quarante ans. Là aussi on pouvait dire que le général était le plus jeune de son armée, le plus digne, le plus capable ; mais on pouvait ajouter le plus pur, le plus dévoué, le plus désintéressé. S'il eût vécu, entouré de tels hommes, quels changements dans l'histoire, quel autre dénouement de la Révolution !

Avec de tels éléments, dans un pays organisé pour l'insurrection comme l'était l'Irlande, le triomphe était facile, et le Directoire ne s'interdisait pas d'espérer. Aussi, malgré les misères et malgré les résistances, comptant sur le génie de Hoche, l'autorisait-il, « dans le cas où la révolution hibernienne serait assurée, à faire une descente en Angleterre, si la situation des troupes qu'il commandait et les renforts que pourrait lui procurer le nouveau gouvernement hibernien, lui donnaient la perspective du succès [1] ».

Quantin et Humbert pouvaient en effet ouvrir l'Angleterre à Hoche, et le projet sagement réduit qu'on adoptait, aboutissait ainsi à la tentative la plus audacieuse, et en diminuait les hasards. En vue de cette éventualité, Hoche recommanda à ses lieutenants de conserver à l'abri des réquisitions la côte ouest ou du canal Saint-George, par laquelle il aborderait, si les circonstances le permettaient; et de ne pas exercer là une dévastation qui le priverait de précieuses ressources [2].

1. Instructions secrètes, etc.
2. Avis au général Quantin. Arch. nat. (inédit).

Ainsi le Directoire adoptait non seulement la politique, mais la stratégie anti-anglaise. La monarchie l'avait essayée souvent, non sans quelques succès; Bonaparte y consacra trois ans et des millions, après s'y être dérobé en 1798. Si Louvois, de Vergenne, Bonaparte y ont pensé souvent, c'est qu'il ne s'agit pas d'une folle aventure. Cependant nulle conception n'est plus discréditée et plus raillée. Mais quand on la déclare impossible, on en donne comme preuve l'inutilité des immenses préparatifs et de l'invincible Armada de 1803, et non la tentative absolument oubliée de 1796. C'est autrement qu'il faut raisonner : l'expédition de 1796 prouvera la possibilité du succès.

Tandis que Hoche réduisait son projet à des proportions immédiatement réalisables, adoptait pour les transports les vaisseaux existants, et prenait pour point d'appui une insurrection assurée, Bonaparte préparait une sorte de croisade qu'il porterait, à l'improviste, à Douvres et à Londres même, sur des séries d'escadres qui remplissaient la France, ses côtes et ses fleuves de vaisseaux, de péniches, de bateaux plats, de coquilles de noix, disaient les marins. Malgré les vents, auxquels il n'offrit qu'une flotte déjà éprouvée, Hoche aborda l'Irlande; Bonaparte ne quitta jamais les côtes de France. Tous les deux, il est vrai, eurent à se plaindre de la marine. Sauf quelques exceptions, et surtout Bruix, admirable en 1803 comme en 1796, la plupart des marins étaient ou incapables, ou démoralisés, ou systématiquement hostiles. Vaillants, ils l'étaient assurément, mais ils songeaient plutôt à succomber noblement qu'à vaincre [1].

Si l'immensité des plans de Bonaparte, ses lenteurs, ses changements expliquent le trouble des marins et leur indifférence héroïque, les plans précis de Hoche, l'effort proportionné à nos ressources, la brièveté de la navigation, la rapidité exigée, l'ignorance où était l'Angleterre de nos projets, devaient au contraire exciter les intelligences et réveiller leur activité. Dans les deux expéditions, ils restèrent au-dessous de

---

[1]. Thiers, *le Consulat et l'Empire*, t. VIII, p. 180.

leur tâche et méritent d'être accusés de les avoir fait manquer toutes les deux.

Mais combien ils sont plus coupables pour avoir fait échouer le projet de Hoche! S'il est possible de reprocher à Bonaparte l'étonnante complication d'efforts qu'il demandait avant de s'embarquer, les navigations difficiles et l'arrivée dans la Manche à jour fixe de flottes françaises éloignées et poursuivies, l'encombrement de ses flottilles, le transport de cent mille hommes; quelle critique adressée à Hoche, dont tous les vaisseaux, sauf un, abordèrent le lieu fixé pour le débarquement et y restèrent plusieurs jours? Si l'insuccès de l'expédition contre l'Angleterre, rêvée par Bonaparte, ne fut que la disparition d'une utopie, l'échec de Hoche, arrivé à la dernière minute de longs et heureux efforts, au moment où toute difficulté avait disparu, où l'on criait avec raison terre et presque victoire, est la révélation d'une de ces faiblesses inconscientes, résultant d'un état mental profondément troublé, obscures pour l'historien, mais dès leur apparition qualifiées de trahison par le soldat surpris et indigné. Cet événement ne serait pas compris si nous ne faisions connaître l'état de la France et de Paris à la fin de 1796, c'est-à-dire un milieu où, consciente ou non, la trahison naissait partout spontanément ; et où, comme nous l'avons dit, lord Malmesbury, ambassadeur d'Angleterre, venait pour l'interroger et la provoquer.

VIII

L'ADMINISTRATION EN L'AN V

Hoche disait à cette époque « qu'il ne faisait pas bon pour lui à Paris ». Le pacificateur de l'Ouest avait cependant l'estime et l'affection des directeurs, et le Directoire n'était pas mal vu [1]. Mais le général et les Directeurs eurent bientôt contre eux une puissance qui grandissait à l'ombre de la Révolution pour la détruire : les bureaux; et sur eux s'appuyait la réaction qui commençait à dominer les conseils. De là vinrent presque toutes les difficultés et surtout la pénurie financière, source de tout embarras.

1. Lettres de Hoche. — « Le Directoire est bien vu », dit aussi Madame de Staël.

Malgré les promesses du Directoire, malgré ses ordres réitérés et sa volonté formelle, des bureaucrates empêchaient les envois ou les retardaient jusqu'après le moment favorable. Les maîtres obscurs de la fortune de la France, en qui s'incarnait alors l'opposition bureaucratique, étaient les Commissaires de la Trésorerie.

La Commission de Trésorerie, créée par la Constituante pour empêcher les dilapidations de la cour, d'abord simple moyen de contrôle, devint, pendant le Directoire, une cause d'embarras constamment agissante. Cette commission, composée de cinq membres élus pour cinq ans, par le conseil des Anciens, sur une liste triple présentée par celui des Cinq-Cents, avec renouvellement annuel d'un membre, avait, entre autres attributions, celle de surveiller la recette de tous les deniers nationaux et d'ordonner les mouvements de fonds et le payement de toute dépense publique, consentie par le Corps législatif. Les payements ne seront effectués, sous peine de forfaiture, qu'en vertu d'un décret du Corps législatif, d'une décision du Directoire et de la signature du ministre qui ordonnancera la dépense. Les commissaires ne peuvent être destitués ou suspendus que par le Corps législatif. Les deux Conseils, très jaloux de ne pas paraître subordonnés au Directoire, se réservaient toujours la surveillance de la Trésorerie; ils la déléguèrent à leur commission des finances. Ce n'était là qu'une surveillance illusoire. Un contrôle officiel non moins illusoire était confié à la Commission de comptabilité instituée par la constitution[1]. La Trésorerie échappait ainsi absolument à l'autorité du Directoire.

Le 17 brumaire an IV, les Anciens avaient élu commissaires de la Trésorerie : Gombault, Defreys, Declerk, Lemonnier, Salvalette. Étaient-ils déjà hostiles au Directoire ? peut-être ne demandaient-ils encore qu'à le devenir? car il est évident qu'ils ne pouvaient pas ne pas être naturellement disposés à favoriser les Conseils aux dépens du Directoire, et qu'il faut chercher, dans la pensée dominante des Conseils que résu-

---

1. Constitution de l'an III, articles 317 à 320.

ment leurs Bureaux ou leurs commissions des finances, l'inspiration que suivirent les Commissaires. L'une et l'autre, aux Cinq-Cents et aux Anciens, étaient également hostiles au Directoire. De la fin de l'an IV au commencement de l'an V, pendant qu'Hoche prépare l'expédition, les Conseils élisent successivement leurs présidents mensuels : les Anciens, Muraire, royaliste; Roger Ducos, indifférent, sans valeur, le futur troisième consul; Lacuée, adversaire violent du Directoire, et Bréard, terroriste repenti et fougueux thermidorien; les Cinq-Cents élisent présidents : le marquis de Pastoret, royaliste; Chasset, ancien émigré mais non inscrit sur la liste; Cambacérès, autre futur consul, et Quinette, ancien terroriste, qui fait à ce moment des avances aux émigrés et aux royalistes. Comme les présidents, les rapporteurs des commissions des finances étaient hostiles au Directoire pour divers motifs : Sieyès, par théorie et par envie; Gilbert-Desmolières, parce qu'il était royaliste. C'était avec ces hommes que la Trésorerie devait s'entendre, avant d'accorder au Directoire les fonds qu'il demandait. On comprend s'il leur était facile de retarder, de refuser, même quand les besoins étaient pressants et les lois précises. Parfois, et peut-être habituellement (mais je ne puis l'affirmer), les commissaires de la Trésorerie et les membres des deux commissions des finances des Anciens et des Cinq-Cents se réunissaient, et une décision réduisait les crédits, retardait les échéances, sans que les ministres fussent admis dans ces réunions. Cela eut lieu notamment pour la demande de 1 500 000 fr. faite par le Directoire pour la seconde expédition d'Irlande. Le crédit fut réduit à 1 200 000 fr.

Un pareil mécanisme, non seulement étranger, mais hostile au pouvoir exécutif, supprimait toute unité d'action dans l'administration et créait chaque jour « un tiraillement effroyable [1] ». Cette commission de trésorerie recevait avec plus de bonté les agioteurs; elle s'entendait facilement avec eux, et, prodigue à leur égard, elle aggravait encore plus, par les vices et les fautes

---

[1]. Instructions secrètes du Directoire à Bonaparte, du 18 germinal an IV.

de ses agents, le vice même de son organisation. Sa surveillance se tournait souvent en complicité, notamment dans l'affaire fameuse de la compagnie Dijon ¹.

Les bureaux de la Trésorerie, de tout temps peu favorables à la Révolution, devinrent absolument hostiles pendant la réaction thermidorienne. Recrutés, en 1791, parmi les employés des anciens ministères, ils furent renforcés en thermidor par les émigrés rentrés et les royalistes qui, selon le plan de Pichegru et les conseils du Prétendant, « continuaient à faire le sacrifice de leur opinion et à accepter des places ² ». Là ils conspiraient gaiement à la veille de Fructidor. Le 16 nivôse, le Directoire fit arrêter un de ces employés, Méat, impliqué dans une conspiraration royaliste ³.

En l'an V, quand la tactique des Conseils, en majorité royalistes, consistait à affamer le Direc-

---

1. *Mémoires de Thibaudeau sur le Directoire.* — *Moniteur*, débats des Cinq-Cents, an IV et V.
2. Papiers saisis sur Picot, adjudant de Frotté.
3. Registre des délibérations secrètes du Directoire. Voy. également *le Rédacteur* de vendémiaire an VI.

toire, la Trésorerie, qui s'appliquait déjà à faire attendre les fonds demandés et votés, s'entêta à refuser l'argent nécessaire à l'expédition confiée à Hoche. Cette obstination occasionnait des mutineries répétées qui enchantaient les royalistes et décourageaient les républicains.

Dans les ministères de la guerre et de la marine, au bureau de topographie, il en était de même. Le général Aubry avait passé là et opéré à sa façon. Général sans valeur, terroriste converti, serviteur du royalisme qu'il voulait apaiser, Aubry peupla les états-majors de personnages comme lui. Il chargeait un émigré rentré d'inspecter les côtes de Bretagne, et Hoche, en arrivant dans l'Ouest, obtenait difficilement le remplacement de cet étrange serviteur de la République. Aubry nommait un journaliste réactionnaire, officier de dragons réformé, Villiers, l'auteur des *Rapsodies*, rapporteur dans l'affaire Cormatin. C'était, dans ces deux cas, livrer à des traîtres connus, et la sûreté des côtes et l'action judiciaire. Le seul qui pût s'opposer à ces détestables mesures,

Carnot, laissait faire, peu soucieux de s'attirer les attaques de la presse réactionnaire, dont un des coryphées était fréquemment son commensal : c'était Beffroy de Rigny, plus connu sous le pseudonyme de Cousin Jacques.

« A la marine, quelques êtres plats et méchants rôdent autour du ministre, qui ne se défie pas assez d'eux ni de ceux qui mangent sa soupe et qui sont là pour épier ce qu'il fait et dit [1]. » Le ministre ouvre les yeux cependant. Il constate autour de lui la présence d'un ex-officier de marine occupé à semer la zizanie, à trouver tout mauvais. « Parlez de cela à Carnot, écrit-il, et ôtez-moi cette épine du pied [2]. » Mais Carnot jouait à la conciliation avec le Cousin Jacques, dont peut-être ce marin était un des nombreux et heureux protégés.

Tous ces agents n'ont souvent pour toute science qu'une belle écriture. Ignorants, besogneux, mal payés, vaniteux et paresseux, avides

---

[1]. Lettre de Hoche, p. 413. Rousselin de Saint-Albin.
[2]. Lettre inédite de Truguet, du 11 fructidor an IV. — Hoche, Corresp., 4 germinal an IV.

des jouissances qui les entourent, s'illusionnant au point d'attendre tout d'un changement, et faisant de leurs affaires les plus mesquines une affaire de gouvernement, ces scapins administratifs ne servent que les ennemis de la République et ne tracassent que ses amis. C'est un commis du bureau de topographie, qui livre à Duverne de Presle, pour le ministère anglais [1], le plan de l'expédition d'Irlande. Ce sont les bureaux qui rayent en masse les émigrés de la liste, sur la production de certificats ostensiblement faux; ce sont les bureaux de la guerre, qui repoussent tous les républicains. L'accueil fait à Hoche, le lendemain de la pacification de la Vendée, est un curieux exemple de leur insolente opposition.

On venait de décréter que l'armée de l'Ouest avait bien mérité de la patrie, et d'accorder à Hoche quatre chevaux harnachés et des pistolets d'honneur. « J'avais lieu d'espérer, dit-il, que, d'après les ordres du Directoire, il ne serait

---

[1]. Voy. *Mémoires de Carnot.* V. Discours de Briot aux Cinq-Cents; 12 fructidor an VI. — Pièces du procès.

apporté aucun obstacle à la fourniture des objets dont il lui a plu de me gratifier. Je pensais également que ce serait faire plaisir au gouvernement que de paraître en public, aux fêtes nationales, orné de ses dons. Les commis des bureaux de la guerre ne l'ont pas jugé ainsi. Ils exigent que le général Hoche aille tendre la main à la Trésorerie générale, pour recevoir le prix des objets commandés à un sellier de Paris [1]. »

Le soir, ces calligraphes, transformés en Incroyables, mêlaient leur bourdonnement au bruit de la faction royaliste, recevaient des commissaires du roi des pardons, des remerciements et des salaires, et portaient à tous les espionnages, à tous les agents de Malmesbury et des Anglais, à toute la presse hostile, les renseignements et les pièces dont ils avaient besoin pour régler leurs attaques et arranger leurs mensonges.

Le public, dans cette confusion, ne voyait que

---

1. Lettre de Hoche, du 8 thermidor, au ministre de la guerre.

ceci : d'un côté, les grands discours des Conseils votant les crédits nécessaires; de l'autre, l'impuissance du Directoire tambourinée par la presse, et la misère des soldats que leurs lettres révélaient au dernier village. Mais dans l'ombre des bureaux, dans le silence des commissions, s'accomplissait la trahison inconnue d'où venait l'arrêt de toute la machine gouvernementale.

Tandis que Hoche prenait pour devise : *Res non verba,* les Conseils, s'inspirant de l'esprit contraire, jetaient à la France leurs vaines déclamations et annulaient leurs propres décisions.

Dans cette atmosphère de mensonge et de traîtrise, la presse s'acharnait sur tous les républicains, injuriant, calomniant ceux qui restaient encore debout : Rewbel, La Reveillère, Hoche et Bonaparte, en ce temps-là aussi détesté qu'aucun autre, pour la victoire de Vendémiaire sur les royalistes et sa haine de l'Anglais. Hoche était odieusement calomnié par les Villiers, les Poncelin, les Poultier, les Langlois, qui le traitaient de Tibère, de Sylla, de terroriste ou d'orléaniste, de libertin, d'ivrogne, de voleur et même de royaliste.

L'opinion, affolée, désespérait de ses chefs, se tournait vers les réacteurs, les furieux revenants de Coblentz, les amis sensibles des Anglais [1]; vers ceux qui frappaient, en invoquant la douceur; vers ceux qui promettaient, à la suite d'un changement, un allégement à la misère; vers ceux qui fomentaient les révoltes et invoquaient la paix. Au théâtre on ne jouait que des pièces réclamant la paix : *les Bruits de paix, la Victoire et la Paix, la Paix et l'Amour*. La paix! c'était là le rêve, la soif, la passion!

A la faveur de ce délire, les royalistes marchent à pas de géant vers la restauration royaliste que Fructidor empêchera. Un gouvernement monarchique est organisé; pas une ville n'est sans agents; l'argent ne leur manque jamais; l'administration est complice ou aveugle.

Le royalisme donnait le ton aux enrichis, achetait les consciences avec l'or anglais, offrait des places richement dotées quand le roi reviendrait, en donnait en attendant vaille que vaille,

---

1. Michelet, *Histoire du XIXᵉ siècle.*

car ce paradoxe politique qui reparaîtra sous toutes les Républiques se produisait alors dans tout son éclat : les ennemis du gouvernement distribuaient les faveurs officielles. Les agioteurs, les fournisseurs se tournaient vers les royalistes, allaient à eux et commençaient un mouvement que les faibles, les désillusionnés, les repus, les déclassés allaient suivre.

Loin de Paris, les administrations, animées du même esprit, se trouvaient en face des corps élus : municipalités, directoires, tribunaux. Là encore, les élections avaient successivement ramené aux affaires bon nombre de républicains revenus au royalisme ou de royalistes rentrés de l'émigration. Les représentants que le Directoire nommait près des tribunaux ou des directoires de département ou de district, luttaient ou se soumettaient, selon leur caractère; et de ces querelles ou de ces accords résultaient toutes sortes de représailles ou de faiblesses. L'ingérence des députés dans l'administration commence alors : ils écoutent leurs électeurs, leurs amis, et entravent les généraux en Vendée, et les administrateurs républicains un peu partout. En Vendée, cela nuit à la pacification ; ailleurs cela nuit à la rentrée des impôts, à la réquisition, à la vente des biens nationaux [1].

Partout donc on tourne au désordre, à la faiblesse, à la réaction ; partout on attaque le pouvoir ; l'opposition est tout à fait facile et fort à la mode : il suffit de demander la paix. Aussi la nouvelle d'une expédition inconnue, décidée par ce Directoire déclaré incapable, commandée par Hoche le terroriste, dans un moment de pénurie, fut-elle accueillie comme le présage d'un malheur public. On se répandit en lamentations sur les misères de la guerre en général ; on blâmait dans celle-ci, et le secret de l'opération, et les dépenses, et l'inutilité de toute attaque contre cette inabordable Angleterre, si riche et surtout si sympathique aux émigrés.

Mais on fit bien d'autres cris quand Malmes-

---

[1]. « Le Directoire doit considérer que souvent nous sommes entravées par des administrateurs qui ont leurs parents au Corps législatif, et auxquels ils font des comptes à dormir debout, qui néanmoins sont toujours crus. » — Hoche au Directoire, 12 ventôse an IV.

bury reparut. L'Angleterre demandait la paix : et nous lui répondions par la guerre!... Les plus fermes intelligences s'obscurcirent et se laissèrent aller à favoriser l'Angleterre aux dépens de la France.

Ce courant antipatriotique, un gouvernement fort pouvait difficilement le remonter. Malgré son épuisement, par une vue nette de son devoir, le Directoire l'essaya. Divisés en ce moment en trois fractions : Carnot et Letourneur d'un côté, La Réveillère et Rewbel de l'autre, Barras, indécis et intriguant entre eux, les cinq Directeurs se réunirent pour cette œuvre décisive, commandèrent le silence et la rapidité, et Barras, le problème éternel de ce temps, ne troubla point une affaire que la pauvreté des Irlandais montrait devoir être sans profits clandestins.

IX

LES PRÉPARATIFS ET LES RÉSISTANCES

En quittant Paris (18 thermidor an IV), Hoche espérait que trois mois suffiraient à son œuvre. En arrivant à Brest, il douta de jamais l'accomplir avec les restes d'une flotte dont l'amiral en chef laissait se consommer la ruine.

La marine, en effet, semblait près d'être anéantie, tant l'émigration des officiers nobles et les défaites essuyées avaient développé l'indiscipline des équipages et la faiblesse des états-majors. Un instant, l'énergie de Jean Bon Saint-André ranima les courages; mais la réaction thermidorienne laissa reparaître l'inertie et l'opposition. La misère qui, depuis cinq années, régnait dans les ports, achevait l'œuvre de dissolution. A Brest, la solde n'était pas payée, les matelots n'étaient pas exercés, les appels n'avaient même pas lieu sur certains vaisseaux, où l'on ne tenait ni rôle des équipages, ni état des matières.

L'amiral Villaret-Joyeuse, qui commandait l'escadre de Brest, ne faisait rien pour améliorer cette situation et ramener l'ordre. Satisfait de s'être fait des créatures parmi les officiers de marine, sûr d'être compris par eux, c'est-à-dire obéi ou désobéi, selon sa volonté secrète, dans son opposition au gouvernement, l'amiral attendait la fin de cette république qui ne savait plus se faire obéir. Il restait inerte à Brest, comme les amiraux Richery à Cadix et Villeneuve à Toulon.

Le Directoire essaya de remédier à cet état de choses, et, au milieu des fautes qu'on lui reproche, il se montra capable de bien diriger la marine [1] et de la ranimer.

---

1. V. Jomini, *Guerres de la Révolution*, tome IX, p. 225.

Le ministre Truguet proposa d'abord d'excellentes mesures. Il voulait réunir dans nos ports, sous un ordonnateur unique et responsable, comptant au moins dix ans de navigation, les deux services militaire et civil : (troupes, construction et entretien des vaisseaux, artillerie ; — comptabilité, approvisionnement, prêts, hôpitaux, etc.). Ce système avait créé nos belles escadres de la guerre d'Amérique. Il fut néanmoins repoussé par les Conseils, par pure opposition. C'était un triomphe pour Villaret et un échec pour Truguet. Celui-ci n'en poursuivit pas moins son but patriotique de ranimer notre marine. Il envoya Richery et l'Allemand à Terre-Neuve, le contre-amiral Sercey à l'île de France. Le ministre s'entendait en même temps avec l'Espagne, notre alliée depuis le traité de Saint-Ildefonse, et s'occupait d'ouvrir le port d'Anvers, en ménageant cependant la République Batave. Ces mesures, surtout l'alliance espagnole, amenèrent bientôt l'évacuation de la Corse par les Anglais. La Méditerranée devint libre : les flottes espagnoles et françaises se réunirent, et de grandes opérations purent être substituées à la guerre de corsaires, dans laquelle tant de bravoure aboutissait à de si minces résultats.

L'expédition d'Irlande fut une de ces opérations. Truguet et Hoche la désiraient avec la même ardeur. Elle paraissait au ministre de la marine et à beaucoup de marins, non seulement possible, mais facile. Villaret fut chargé de l'organiser, et, comme les chances de succès devaient être d'autant plus grandes qu'on agirait plus tôt, l'amiral reçut l'ordre de se hâter. Il promit d'être prêt le 15 brumaire, et tous les préparatifs commencèrent.

Attendre plus longtemps, c'était en effet compromettre le succès de l'entreprise. La traversée d'Irlande, facile à cette époque, devenait plus tard très périlleuse. En décembre, des brumes épaisses et de brusques ouragans font redouter à la fois l'obscurité et les vents; et déjà les marins expérimentés annonçaient l'approche des plus violentes tempêtes [1]. L'insurrection devait

---

1. Les observations séculaires des marins leur ont prouvé que lorsque l'Océan doit être troublé, les pois-

éclater en novembre. Ne pas arriver à son début, c'était vouer les Irlandais à l'extermination et manquer à la parole donnée par la France. La liberté de l'Irlande, l'honneur de la France étaient entre les mains de l'amiral. Il avait assez de courage, d'intelligence et d'expérience pour bien faire, assez d'influence sur les officiers, dont beaucoup étaient ses créatures, pour éveiller leur énergie; il ne le voulut pas.

L'amiral Villaret-Joyeuse, qu'une chanson de café-concert sur l'héroïsme du *Vengeur* peint aujourd'hui comme un héros aux républicains, était un des plus patients adversaires de la République. Loin de France, au moment où ses camarades émigraient, il ne les rejoignit pas à son retour, soit qu'il ne voulût point tenter si tard l'aventure de l'émigration, soit qu'il préférât l'avancement que lui assurait la désertion de tant d'officiers, soit qu'il comptât sur une réaction

---

sons qui voyagent par bandes cherchent un abri dans les baies et jusque dans les fleuves. En 1796, à l'approche du solstice d'hiver, des bandes de poissons remontaient les fleuves, et les marins prédisaient des tempêtes d'une violence extrême.

prochaine. Jean Bon Saint-André, qui le regardait comme un aristocrate, lui donna néanmoins le commandement de la flotte de Brest. Le 1er juin 1793, Villaret livra la sanglante bataille navale illustrée par l'héroïsme du *Vengeur*. Le Comité de Salut public et son *proconsul*, loin de faire arrêter, selon les légendes, l'amiral vaincu, le défendirent, et lui conservèrent sa haute situation. Lui-même ne laissa pas de contribuer à l'arrestation du capitaine Bompard, qu'une fausse manœuvre fit accuser de trahison. Un mois après arrivait le 9 thermidor, et Villaret commençait le rôle pour lequel il semblait s'être réservé : discréditer la République, afin de ramener la royauté.

Pour ce genre de trahison, si fréquent alors, chacun adoptait un procédé : les uns se créaient une force personnelle, ce fut le système de Bonaparte ; les autres désorganisaient les forces de la République, c'est celui que préféra Villaret [1]. La

---

1. On croyait, dans la marine, que Villaret, resté trop longtemps à la tête de l'escadre, n'avait songé qu'à se faire des créatures en favorisant l'avancement des officiers opposés à la République, de façon à faire de l'escadre sa

ruine de notre marine s'achevait sûrement sous ses yeux. Il tenait à conserver quelques vaisseaux en vue d'une expédition aux Indes, où, dit-on, il avait des intérêts; mais comme cette expédition était sans cesse ajournée, il se jeta dans la politique et rechercha la candidature aux Cinq-Cents, dans le Morbihan, pour le renouvellement de l'an V. Nos luttes électorales ne peuvent faire imaginer la passion qui animait alors des partis sortis à peine de la guerre civile, surtout dans l'Ouest. Dans le Morbihan, Georges Cadoudal s'occupa activement des élections; l'ingénieur La Carrière, qui fut élu, était son protégé spécial [1]. Villaret rechercha ouvertement le même patronage. On vit alors cette chose incroyable : l'amiral être à la fois le protégé de Cadoudal et le collaborateur de Hoche.

---

chose et non celle du gouvernement. — Voir *Histoire des événements des guerres maritimes entre la France et l'Angleterre de 1778 à 1796,* par Kerguelen, ancien contre-amiral. — Ce marin distingué regardait le projet de descente comme pratique et presque facile

1. *G. Cadoudal et la Chouannerie,* par Cadoudal, 1 vol. in-8°, 1886. Voir aussi séance du 15 floréal an V, des Cinq-Cents. (*Moniteur,* n° 2310.)

Rien ne convenait donc moins à cet amiral, tout à sa coterie de Lorient[1], que cette expédition d'Irlande. Elle le subordonnait à un général républicain, au vainqueur de ses électeurs; elle le retenait sous l'œil du ministre Truguet, républicain dévoué; elle empêchait l'expédition des Indes; elle le mettait aux prises avec les Anglais, dont tout bon royaliste vantait alors la modération et les intentions pacifiques, et dont sur mer les marins démoralisés redoutaient les rencontres; elle l'éloignait enfin de la France, au moment où les espérances des royalistes étaient sans bornes, au moment où la Bretagne frémissait comme pour une reprise de la guerre civile, à l'approche des élections.

Hoche dut avant tout ressaisir la Bretagne. Pendant son absence, le désordre s'était remis partout; la discipline s'étant relâchée, la désertion recommençait. On ne se gardait plus; un poste était enlevé par les chouans; les routes en étaient infestées; ils assassinaient les cour-

---

1. Lettre inédite de Hoche (Archiv. nat.).

riers, pillaient les caisses, arrêtaient Shée aux portes de Rennes; les brigands pullulaient à l'ombre de la pacification et du régime civil. L'or anglais réveillait les amis du roi, et, pour leur rendre toute leur audace, une flotte anglaise bloquait Brest et menaçait d'incendier Nantes, dont le théâtre était déjà en feu. Hoche parcourut le pays et visita ses troupes. L'amiral souriait, critiquant le général et l'expédition.

La présence de Hoche, ses mesures énergiques, une proclamation persuasive aux habitants de l'Ouest, ramènent la discipline et le calme. Mais cet apaisement d'une guerre civile qui s'achève est fréquemment troublé par des violences isolées qui occupent la pensée et la main du général, l'éloignent de Brest et de Rennes, centre des organisations navales et militaires, et font sourire l'amiral devant sa flotte inerte.

Sans oublier la pacification à maintenir, et Paris qui demande des troupes pour les autres armées, Hoche s'occupe avec passion de réunir une armée de quinze mille hommes, d'équiper la flotte destinée à la porter, d'organiser les corps de Quantin et d'Humbert. Mais le nécessaire, l'indispensable fait toujours défaut : l'argent; et sans argent qu'obtiendra-t-on de tous ces hommes travaillés par mille ennemis de la République ?

« Pour empêcher les friponneries, pour réprimer la malveillance, l'insouciance, pour chasser les ignorants et les lâches, il serait bon aussi, ce me semble, de bannir la misère, écrit-il à Truguet. Aussi malheureux que les nôtres, vos officiers ne reçoivent pas de numéraire; beaucoup ont des familles dont l'état indigent dégoûte du service de la République. Ces mots affreux pour l'ami de la Patrie : *nous travaillons mieux qu'on ne nous paye*, se font entendre souvent dans les ateliers du port; et, par suite de l'état de choses actuel, l'ouvrier se permet de gaspiller horriblement, aux yeux même des agents du gouvernement [1]. »

« Nos affaires vont bien lentement, écrit-il aussi à Clarke; à peine pouvons-nous faire mouvoir

---

1. Hoche au ministre de la marine, 20 fructidor an IV.

deux cents hommes. Nous sommes on ne peut plus malheureux, absolument sans pain, sans souliers et sans argent, quelques bataillons voulant se mutiner, et les Anglais sur nos côtes avec des forces imposantes. En vérité, il est des instants où j'ai la tête perdue !... Rien n'arrive à Brest; j'y vais, et voudrais voir déjà Dublin et Londres [1]. » L'impatience des Irlandais n'était pas moins vive.

Pendant que Hoche était aux prises avec ces difficultés, arrivait à Rennes un personnage important. Quel est-il? Hoche ne le nomme pas, même dans la lettre chiffrée où il exprime sa confiance en lui [2].

« J'ai été bien content de la personne,...... dit-il,...... Talents, loyauté, vrai patriotisme. Nous sommes convenus de tous nos faits. L'Irlande veut la révolution; les *défenseurs* sont bien organisés. Nous trouverons en arrivant quinze mille hommes au moins, et cinq mille chevaux, des

---

1. Hoche à Clarke. Lettre inédite, 12 fructidor an IV. (Arch nat.)
2. La traduction est dans l'interligne.

magasins; enfin quinze mille *défenseurs* se porteront sur Dublin. »

Celui qui confirmait ainsi toutes les prévisions de Wolf Tone, c'était, à notre avis, Fitz Gérald. Arrivé avec O'Connor à Bâle, tandis que celui-ci se rendait à Paris, Fitz Gérald, qui croyait prudent de ne pas s'y montrer, tant les espions anglais y pullulaient, partit pour Rennes, sous la conduite de l'adjudant général Crublier [1]. Les deux envoyés, Fitz Gérald à Rennes et O'Connor à Paris, réclamèrent un prompt débarquement et repartirent pour ordonner le signal de l'insurrection au moment de l'arrivée des Français. Les deux événements étaient fixés au commencement de novembre.

Il ne restait qu'un mois et demi pour organiser l'armée et la flotte. Mais ce temps, vendémiaire et le commencement de brumaire, est terrible à passer. Toutes les résistances éclatent à la fois : Villaret, les officiers de marine, les troupes de terre et de mer, la Trésorerie, la conspiration

---

[1]. Hoche à Clarke, 2 fructidor an IV (inédite). — Mémoires de Miles Byrne.

administrative, mettent plus d'énergie à retarder les préparatifs qu'il n'en faudrait pour les achever. Voilà véritablement « le génie malfaisant » que Hoche sentait s'attaquer à son œuvre, pendant que les assassins le guettaient lui-même.

Le 1er vendémiaire, l'insurrection se met dans les compagnies de grenadiers : elle se répand vite à Brest, et gagne Vitré, Domfront, la Guerche. Des mutineries éclatent même dans le corps d'Irlandais incorporés dans nos troupes. Non seulement l'expédition, mais la pacification est compromise. Les soldats, irrités par les privations, excités par les royalistes, prêts à se débander, s'uniront-ils aux brigands? « Faiblir, c'était livrer le pays au plus affreux pillage; déjà les motions s'en faisaient publiquement; on voulait absolument un emprunt forcé; et cette classe d'hommes qui se trouvent dans les fanges de toutes les grandes villes, se joignait aux troupes pour les exciter et augmenter la rumeur générale[1]. »

[1]. Hoche au ministre de la guerre, 25 vendémiaire an V.

Sans obstination comme sans faiblesse, Hoche agit par la justice et par l'honneur. Aux soldats qui réclament la solde arriérée, il distribue tout ce qu'il a d'argent, mais il exige d'eux le calme et sait l'obtenir. Les mutins qui résistent sont désarmés, leurs chefs emprisonnés et jugés, les Irlandais insoumis éloignés et envoyés à Oléron.

Le 12 vendémiaire, une grande conférence eut lieu entre Hoche et les chefs de la marine, Villaret Bruix, et l'ordonnateur Sané. Au lieu d'obéir ou de se récuser, Villaret, que tant de difficultés enhardissent, blâma l'expédition projetée, loua celle qu'il rêvait dans les Indes, railla le mauvais état des vaisseaux, l'ignorance des officiers, le petit nombre des matelots, les campagnes d'hiver.

Hoche, d'un ton qui ménageait les vives susceptibilités de la marine, répondit avec précision qu'il existait dans le port assez de vaisseaux en bon état; que des officiers instruits étaient inoccupés, notamment le capitaine Lacrosse; que l'amiral avait toute liberté de les choisir; que pour les matelots, il fallait, comme l'avait fait l'amiral lui-même, quand Jean Bon Saint-André était à son bord, discipliner et occuper ceux de Brest, appeler ceux des ports voisins, accepter enfin les six mille qu'il offrait pour le 5 brumaire; et si, malgré cela, il en manquait encore, mettre à bord des soldats, recrues incontestablement supérieures à celles que fournit la presse en Angleterre [1]. Si l'hiver enfin augmentait les dangers, son arrivée prochaine était un motif de plus de se hâter, afin de profiter des premières brumes pour échapper à la croisière anglaise, et de ne pas attendre les grands vents. Il ne s'agissait plus au reste de discuter un plan, mais de l'exécuter.

Villaret feignit de se conformer aux vues du gouvernement. Aussitôt des mouvements eurent lieu dans le port : mais on armait et on désarmait les vaisseaux; on s'agitait sans résultat, et

---

[1]. En 1804, l'amiral Gantaume, dans ce même port de Brest, met 4000 conscrits sur la flotte destinée à la descente en Angleterre, et « se loue beaucoup des services que rendent pour l'artillerie et les basses manœuvres ces marins improvisés. » (Thiers, *Histoire du Consulat et de l'Empire*, t. VIII, page 186.)

l'amiral écrivait secrètement au ministre que rien ne le déciderait à aller à la destination projetée.

Hoche, persuadé que tous les obstacles pouvaient être surmontés, demandait au Directoire, qui ne répondait pas, et les sept mille matelots inoccupés dans les ports de Bordeaux, des Sables, de Nantes, de Granville, etc., et surtout de l'argent. Pas de matelots! pas d'argent. Impatient d'entendre dire sans cesse qu'un gouvernement qui n'a pas d'argent ne doit pas faire d'expédition, Hoche fit remettre ses ressources personnelles à la marine : cinquante mille livres en numéraire, plus trois mille souliers, trois mille chemises, trois mille vestes de Quiberon. Cet argent, ce n'était pas celui de l'armée, c'était l'argent de Hoche : il en avait avancé pour les arsenaux ; il en avait avancé pour la solde. « Vous conviendrez, dit-il avec raison, que j'ai la chose à cœur[1]. »

Villaret réclamait toujours. Cependant un marin de grande autorité, Bruix, commandant

---

1. Lettres de Hoche à Clarke des 10 et 12 vendémiaire, inédites. — Voir à la fin du volume.

de la marine à Brest, écrivait alors : « Nous avons assez d'argent, de vivres, de vaisseaux de guerre et de transport pour l'exécution du plan convenu. L'argent est dans nos caisses, les vivres dans nos magasins ou embarqués; les vaisseaux de guerre sont armés et prêts à faire voile aussitôt que l'arrivée des gens de mer permettra de compléter les équipages. Les transports sont en armement dans le port; déjà la moitié de ces bâtiments sont en état de recevoir leurs vivres, et tous le seraient, si j'eusse été secouru par les hommes qui ont l'autorité et conséquemment tous les moyens en main [1]. »

Villaret réclame quand même. Son état-major, ses créatures se plaignent, attaquent Hoche si violemment qu'il en résulte des duels entre eux et les officiers dévoués au général. On disait que Hoche était de la faction d'Orléans, qu'il était terroriste, qu'il était même royaliste, car toute calomnie a été osée et ces contradictions irritaient tous les partis. On disait aux soldats qu'ils étaient

---

1. Bruix à Hoche, 1ᵉʳ vendémiaire an V. Lettre citée dans *Grouchy et l'Irlande en 1796*.

sacrifiés, que Hoche ne les suivrait pas, qu'il les conduirait en mer et rentrerait aussitôt; ces faussetés accumulées formaient lentement l'opinion publique. C'est ainsi dans les époques de réaction. Lui, répondit par cette fière proclamation « qu'il demeurerait placé au premier rang, comme il en avait reçu l'ordre précis [1] ». Mais l'amiral et sa coterie ne cessaient pas leurs critiques et ne faisaient rien. Comment vaincre ce mauvais vouloir? Peut-être suffirait-il que l'amiral fût nettement subordonné au général Hoche? Le Directoire, par son arrêté du 9 vendémiaire, décide que, lorsqu'il sera nécessaire de centraliser l'autorité, Hoche donnera des ordres impératifs au vice-amiral Villaret, à l'ordonnateur Sané et à Bruix.

C'est alors que Villaret dévoila le fond de sa pensée. Hoche et lui parcouraient la rade. L'amiral, qui se plaignait toujours, déplorait le manque d'officiers. Hoche en réponse lui citait Lacrosse, Bompard, Bedou et bien d'autres. Vil-

---

1. Bergounioux, *Vie de Hoche.*

laret répondit « que les bons étaient morts à Quiberon ». Voilà ceux qu'il regrettait : ceux qui, sur les flottes anglaises, attaquaient la France ! Villaret, qui en 1795 commandait l'escadre de Brest, ne les empêcha pas d'aborder à Quiberon ; mais Hoche les vainquit après le débarquement. Les souvenirs autant que les espérances divisaient le pacificateur de l'Ouest et le protégé de Cadoudal.

« Sans un reste de respect pour je ne sais quel préjugé », Hoche, qui en avait le pouvoir, eût fait arrêter Villaret ; c'eût été justice. Mais Hoche ne voulait point user avec rigueur de son autorité, sachant combien la prudence est nécessaire aux militaires qu'on accuse d'aspirer au pouvoir suprême. Truguet en outre conservait encore de l'estime pour l'amiral, que défendait le souvenir du *Vengeur* et des grandes campagnes de 1794 et 1795 [1]. La correspondance

---

1. *Hoche au ministre de la marine :* « Villaret a perdu toute ma confiance. Je le déclare indigne de celle de la nation. Je ne voudrais pas lui donner même une corvette à commander. Et c'est vous qui accordez votre confiance à cet homme ! Oh ! ministre, songez à la Répu-

étant trop lente et trop inefficace, Hoche, afin d'éclairer Truguet, se décide à aller à Paris; il n'avait l'intention d'y rester que le temps nécessaire à la rédaction d'un arrêté pourvoyant au remplacement de l'amiral. Au moment du départ, Villaret réclame une fois encore de l'argent [1], quoique Bruix eût écrit : « Nous avons assez d'argent, de vivres et de vaisseaux. »

A Paris, la république n'est pas mieux servie qu'à Brest : même opposition et même désordre; la zizanie éclate entre les bureaux de Truguet et ceux de Carnot, où l'on devient si facilement réactionnaire; la trésorerie hostile au Directoire, au général et à l'expédition, n'envoie jamais de fonds. Que fera dans ce milieu l'ardent général? Il peut tout gâter. Aussi le ministre de la marine l'arrête-t-il à Alençon. Sa lettre, un thème sur la fermeté, montre à Hoche qu'il n'obtiendra rien de ce gouvernement faible sous

---

blique! Cinq vaisseaux! et les autres qu'en veulent-ils faire? des transports pour les Indes! » Bergounioux, *Vie de Hoche.*

1. Hoche au général Clarke, 16 vendémiaire, Arch. nat. (inédite).

lequel la bureaucratie règne [1]. Enlacé de toutes parts par les mille fils de ce monde lilliputien, Hoche pourtant ne désespère pas : « Dieu seul peut empêcher d'arriver au but la volonté qui ne se détourne pas [2] » ; et il repart pour Brest. Mais là, les serviteurs de Dieu essayèrent d'accomplir ce qu'ils demandaient en vain à la Providence. Dès que Hoche parut, le chouan Guillaumot tenta de l'assassiner (25 vendémiaire). Au moment où le général rentrait chez lui, à la fin du spectacle, le chouan tira sur lui, presqu'à bout portant, un coup de pistolet. Hoche ne fut pas atteint. Huit jours après, le poison réussit mieux. Hoche avait réuni dans un banquet, destiné à consolider l'œuvre de pacification, l'élite de la société : on en profita pour l'empoisonner. Il échappa difficilement : pendant trois jours, il se vit, à vingt-huit ans, en face de la mort horrible et sans gloire [3]. S'il se rétablit, grâce à sa vigoureuse constitution, elle

---

1. Truguet à Hoche. Arch. nat.
2. Lettre de Hoche au général Le Veneur.
3. C'est la première tentative : la seconde échoua aussi.

n'en reçut pas moins une irrémédiable atteinte [1].

Villaret en profita pour retarder encore les préparatifs. Les Irlandais au contraire hâtaient les leurs : le soulèvement allait éclater au commencement de novembre, comme il était convenu. Que ferait la France? Hélas! Hoche, en revenant à lui, voyait, par les retards de l'un et la loyauté des autres, son œuvre, déshonorée, aboutir à l'extermination d'un peuple.

C'est dans ce terrible mois que Hoche écrivit sa belle proclamation aux Irlandais : « Je viens de débarquer chez vous, à la tête d'une armée de républicains habitués à vaincre sous leurs chefs. Nous nous présentons comme amis sincères et dévoués de tous ceux qui épouseront la cause de la liberté, et n'ambitionnons que la seule gloire de briser vos fers et punir vos tyrans..... Nous vous offrons nos bras pour le rétablissement de votre dignité nationale, par le choix libre que vous ferez d'une forme de gouvernement qui assure la durée de votre indépendance. » Après

---

1. *Mémoires de la Réveillère-Lepeaux.*

avoir énuméré les misères de l'Irlande, leurs causes et les remèdes qu'y apportera le germe de la liberté et de l'égalité, Hoche s'adresse aux malveillants et aux timorés pour les éclairer sur sa conduite et celle de l'armée : « Je déclare ici solennellement que toute violation de la liberté des personnes et des propriétés, du respect des cultes et des autorités légalement constituées par le bon peuple d'Irlande, sera punie de mort, dans les vingt-quatre heures de l'arrestation des coupables, quelle que puisse être leur qualité ou condition, et que l'ordre et la discipline seront maintenus, sous les peines les plus sévères..... »

« L'Europe va juger si vous méritez qu'on brise vos chaînes. Levez-vous à la fois en masse sur tous les points de votre île...; une force aussi imposante chassera la tyrannie, anéantira ses vils satellites, aux cris unanimes des Irlandais et des Français de : « Vive la Liberté! vive l'Égalité[1]! »

1. *Vie de Hoche :* Roussetin, t. II. Traduite en anglais « to the irish nation », la proclamation fut envoyée en Irlande. — Le subterfuge auquel il fallut recourir pour l'impression de cette proclamation prouve combien l'es-

Le vieux cri de l'Irlande retentissait déjà : « Erin go breahg », et la pauvre vieille chantait : « Ah! les Français sont sur la mer! » et l'insurrection éclatait sur divers points. Non; les Français n'étaient pas là. L'administration et la marine les retenaient encore. « Rien n'émeut les chefs de notre marine, et il a fallu mon arrivée à Brest pour faire mettre en délibération où et quand on achèterait les gréments dont nous manquons... .... Bruix seul est zélé! — Que font dans les ports, d'où ils n'osent sortir, les marins qui devraient être la gloire de la République, s'ils avaient des chefs intrépides [1] ? »

pionnage et la trahison se glissaient partout. Averti que l'imprimeur de Rennes auquel on s'adressait avait promis de livrer la pièce aux Anglais, Hoche, avec des précautions affectées, fit demander à un prêtre de traduire la proclamation en portugais. Celui-ci s'empressa de vendre le secret aux émissaires anglais, qui le communiquèrent à leur gouvernement, pendant que la véritable proclamation s'imprimait secrètement à Angers.

1. Hoche à Truguet, 27 vendémiaire.

X

LE CORPS DE QUANTIN [1]

Le général de division Quantin était chargé d'organiser et de commander le corps expéditionnaire destiné à opérer une diversion en Angleterre. Hoche, parmi ses lieutenants, avait choisi Quantin parce qu'il pouvait mieux que personne mener à bonne fin une expédition à la fois navale et terrestre. Ce général en effet, d'abord dans la marine royale et successivement, ensuite, en Amérique pendant la guerre de l'Indépendance, aux Antilles et en Vendée, avait fait le rude apprentissage de la guerre sur terre

---

1. Ou Quentin.

et sur mer. Il est vrai qu'il n'avait servi dans la marine qu'en qualité de sous-officier, mais il était de cette race de sous-officiers qui dota la République naissante de ses meilleurs généraux.

Né à Fervacque (Nord) le 16 juin 1759, après avoir servi dans la marine comme mousse et pilotin et dans l'artillerie de marine comme caporal, Quantin prit un congé pour se mettre au service des colonies anglaises insurgées. Si la noblesse française leur fournit des généraux, le tiers état ne leur ménagea point les soldats. Quantin était, en 1790, sous-officier d'artillerie à Marie-Galante. Il fut élu, en 1791, commandant des volontaires coloniaux, et passa en France avec le général Dagobert, assista à Jemmapes, aida à pacifier la Vendée, reçut une carabine d'honneur, et devint, en l'an IV, général de brigade, puis général de division. C'est à ce titre qu'il fut appelé à Dunkerque.

Les causes que nous allons faire connaître amenèrent un échec qui ne peut être imputé à Quantin. Il eût fait réussir l'expédition, si tout ne s'était ligué contre lui. Aussi bien que sa conduite passée, sa conduite ultérieure en est pour nous la preuve. Chargé, en l'an VII, du commandement de Belle-Isle-en-Mer, Quantin se montra aussi intelligent que brave. Pour se rendre dans l'île, bloquée par soixante-dix voiles anglaises, il monta sur un bateau gouverné par un seul homme, le capitaine Hériot, et traversa la flotte ennemie. Là, il exécuta des travaux remarquables, rendit l'île imprenable, et reçut des félicitations du premier consul, qui néanmoins l'envoya à Saint-Domingue, rejoindre Debelle et Richepanse. Quantin, plus heureux, en revint, mais fut mal accueilli et n'obtint pas de reprendre du service.

Hoche, à qui Quantin avait annoncé qu'il avait de mauvaises troupes, demanda au Directoire d'envoyer à Dunkerque quatre ou cinq cents hommes, officiers, sous-officiers ou soldats, pour former la tête du corps. « Cette tête fera marcher la queue [1]. » Pas plus que l'argent, pas plus que les armes et les équipements, les soldats n'arrivèrent.

---

1. Hoche à Clarke (inédite), 2 fructidor an IV.

Les troupes rassemblées étaient des Français : la 21ᵉ et la 139ᵉ demi-brigade, et des étrangers, réfugiés ou des déserteurs « dans un état de nudité et de misère qui arrache des larmes [1] ». Quoique inspirant plus de pitié que de confiance, ils furent fidèles, soit par humeur aventureuse, soit par reconnaissance envers le général qui les habilla et les nourrit, et lui causèrent moins d'embarras que les officiers qui les décriaient. Ces officiers, notamment le chef de la 21ᵉ demi-brigade, étaient hostiles à l'expédition. Mais grâce au calme des soldats et à l'accord de Quantin, du général Liébert, commandant le département du Nord, et du lieutenant de vaisseau Muskein, envoyé par Hoche et chargé de commander la flottille, les opérations terri-maritimes allèrent d'abord à souhait, et Quantin annonçait qu'on mettrait à la voile le 21 vendémiaire, en dépit des coquins et des insurgents, et à moins de contrariétés plus qu'humaines. Les désordres qui arrêtaient Hoche apparurent alors :

---

1. Quantin à Clarke. Arch. nat.

désertion favorisée par les gens du pays, retard dans l'envoi des fonds et des armes, résistances des officiers, indiscrétions, mutineries, démissions, et surtout opposition de la marine.

Pour arrêter les désertions, pour briser les résistances, Quantin maintient l'ordre d'embarquer le 21 vendémiaire. Les marins refusent d'obéir; l'accord qui avait existé jusque-là, parce que sans doute on croyait que tout se bornerait à de vains préparatifs, disparaît aussitôt [1]. C'est un élément d'insuccès nouveau; les autres empirent; la désertion surtout : elle menace de décimer la 21ᵉ demi-brigade. Quantin, sans faiblir, maintient l'ordre d'embarquer et le fait exécuter. Les vents de brumaire retinrent la flotte dans le port de Dunkerque, lui firent subir de fortes avaries dès qu'elle tenta de sortir et brisèrent une embarcation sur les dunes. Ce fut pour Quantin une occasion de montrer son calme et son intrépidité, dans le sauvetage de quatre-vingts naufragés; mais ce fut aussi pour les conspira-

---

1. Rapport du général Liébert. Arch. nat.

teurs une occasion favorable à de nouveaux retards.

L'opposition alors change d'allure : les officiers hostiles à l'expédition invoquent la Constitution, qu'ils disent violée[1]. Une brochurette de six pages, envoyée de Paris par les comités royalistes, pénètre parmi les troupes. Des officiers la copient pour la répandre. Elle apporte aux mutins un prétexte et une formule d'opposition ; déclare l'expédition inconstitutionnelle, impossible, honteuse, folle. Sous l'œil des officiers qui les encouragent, les mutineries éclatent, comme à Brest. Dans presque toute la France, à la veille de fructidor, au moment des grandes espérances royalistes, se passaient des événements de ce genre. Le dénouement de celui-ci prouvera une fois de plus que, pour combattre la République, les conspirateurs ne reculaient pas même devant la trahison.

Fabus, chef de la 21ᵉ demi-brigade, « soldat d'une hauteur et d'un luxe sans pareils, que

---

[1]. Article 287 de la Constitution, an III, qui interdit l'enrôlement des étrangers, à moins qu'ils n'aient fait des campagnes pour la République.

Quantin songeait à envoyer enchaîné à Clarke »; Gottmann, homme dangereux, détesté par ses troupes; le général Bettencourt et son adjoint le général Deveau; des chefs de bataillon et des capitaines, entrent dans la conspiration par esprit de parti ou par faiblesse. Presque toute l'aile droite et une partie de l'aile gauche de la petite armée sont sous les ordres de ces officiers.

Les soldats étaient déjà embarqués, mais les officiers avaient la faculté de descendre à terre, en attendant le départ. Le 6 brumaire, au soir, le général Bettencourt amène secrètement dans une chambre d'hôtel le commandant Legros et l'engage à faire déclarer par sa troupe qu'elle ne veut pas servir avec des étrangers, et le général ajoute que cette déclaration, appuyée sur la Constitution, ne pourra compromettre le commandant.

Legros hésite, le général insiste. « Parlez de la solde en retard, dit-il, excitez les mécontents, tâchez d'aborder la question relative à ces étrangers, donnez de la consistance à la moindre motion qui sera faite sur ce sujet, provoquez-la même le plus adroitement possible; apportez-moi enfin une déclaration formelle que vous ne signerez pas, vous, mon cher Legros; je l'enverrai à Paris par le général Deveau. »

Legros, ébranlé, rencontre ce général, qui lui dit nettement : « Vous avez la Constitution pour vous... il faut sauver Quantin... Il s'agit d'insurger votre troupe... Et d'ailleurs l'expédition est totalement impossible. »

Legros refusant d'agir, Bettencourt lui demande de lui désigner des sous-officiers et des soldats que l'on puisse employer : « Ne faut-il que quelques écus de six francs, dix, vingt, trente même? nous les donnerons. »

N'est-ce pas l'apparition de l'or anglais?

Legros résiste à l'adjudant général, mais donne sa démission.

Deux capitaines de grenadiers plus énergiques dénoncent Bettencourt, qui se plaint de cette indiscrétion et leur dit : « Que tout soit oublié, soit fini; je m'embarque! »

La révolte était manquée; restait encore un moyen de désorganiser le corps : les démissions. Les officiers, le trouvant sans doute honteux, avaient évité d'y recourir; ils s'y décidèrent. Un chef de bataillon adressa la sienne dans des termes où éclate un étrange cynisme : il donne pour motif « son antipathie pour l'eau... Je ne pourrai jamais assurer qu'il me soit possible de me soumettre à l'ordre d'embarquement » (*Arch. nat.*).

Quand cette lettre était déjà adressée à Clarke, l'auteur affectait une attitude correcte : « Gottmann semble revenir... » écrivait Quantin. Il n'en était rien. Gottmann, Fabus, chef de brigade, les généraux Deveau et Bettencourt, l'adjoint de ce dernier, quatre chefs de bataillon, dont le faible Legros et d'autres qui s'étaient d'abord montrés très zélés et que l'exemple entraîna, un chef de millerie, et plusieurs capitaines dont l'un disparut avec la solde des hommes qu'il excitait à la révolte, donnèrent leur démission. L'aile droite et une partie de l'aile gauche restaient sans chefs. L'expédition était désorganisée, l'or anglais avait atteint son but.

Quantin comprit qu'il ne pouvait risquer l'aventure avec une pareille troupe, et le Directoire renonça, quelques jours après, à l'expédition.

XI

ALLONS, ENFANTS DE LA PATRIE!

Le 13 novembre, un de nos vaillants corsaires annonce, en rentrant à Brest, que l'Irlande est en insurrection, que dix mille Anglais sont chassés, qu'un gouvernement provisoire s'organise. L'insurrection a éclaté le jour de la Toussaint. Hélas! la république Irlandaise est née un jour de deuil.

Hoche n'a plus le droit d'attendre. « J'ai donné ma parole que j'irai trouver ce brave peuple, écrit-il au Directoire, je dois la tenir. Permettez-moi de partir avec une frégate; vous m'enverrez, cet hiver, tels secours que vous jugerez convenables. Je demande une frégate parce que l'escadre n'est pas prête à sortir, et que, tandis qu'un peuple généreux et confiant en nos promesses brise ses fers, on nous fait ici les scènes les plus désagréables [1]. »

Hoche envoie Mac Sée en Irlande pour se mettre en rapport avec les insurgés, et réunit les officiers généraux : il réclame l'union, l'activité, combat la faiblesse. Comment manquer d'ardeur, même pour ces marins, quand à ce moment il n'est bruit que des succès de notre marine? Tandis que les corsaires se livrent à d'héroïques aventures, l'amiral Richery, à la tête d'une escadre, enlève, à Terre-Neuve, un convoi anglais et le ramène à Rochefort. L'amiral Allemand, laissé par lui en Amérique, capture également un convoi; les flottes espagnole et hollandaise, nos alliées, se raniment : l'espagnole, malgré la croisière anglaise, sort de Cadix et va renforcer à Toulon notre flotte de la Méditerranée, et la flotte batave commence à quitter ses ports; enfin l'Angleterre, troublée par la misère,

[1]. Hoche au Directoire, 3 novembre 1796. — Citée dans *le Général Grouchy et l'Irlande*.

par l'opposition, par nos préparatifs et par la défaite de l'Autriche, semble à la veille d'une révolution. Au milieu de l'agitation la plus menaçante on tire sur le roi qui se rend au parlement.

Villaret veut bien promettre encore de seconder Hoche, et met à sa disposition immédiatement onze vaisseaux, dix frégates et deux vaisseaux rasés [1].

[1]. Voici la preuve : — Brest, le 14 brumaire an V. — L'amiral Vilaret au général Hoche. — Général, j'ai l'honneur de vous adresser ci-joint l'état des bâtiments sur lesquels j'ai jeté les yeux pour l'expédition; mais la pénurie des matelots me faisant craindre d'être obligé de désarmer le *Patriote* et le *Pluton* pour équiper passablement les autres, je vous prie de ne pas les comprendre dans la première répartition des troupes. — Signé : Vilaret.
P.-S. — La *Constitution* est encore dans le port pour quelques jours et ne peut conséquemment recevoir personne. *Disposez des autres dès aujourd'hui.*
État des vaisseaux, vaisseaux rasés et frégattes (sic).
Vaisseaux : l'*Indomptable*, le *Nestor*, le *Tourville*, le *Cassard*, les *Droits de l'Homme*, la *Constitution*, le *Trajan*, le *Wattigny*, l'*Eole*, le *Fougueux*, le *Zélé*, le *Patriote*, le *Mucius*, le *Pluton*.
Vaisseaux rasés : le *Scévola*, 44 canons, le *Brave*, à l'Orient (sic) 70.
Frégates : la *Bravoure*, la *Cocarde Nationale*, la *Sirène*, la *Coquille*, l'*Immortalité*, la *Romaine*, la *Bellonne* (sic), la *Fraternité*, la *Surveillante*, la *Charente*. — Amiral Vilaret. (Archives nationales.)

Hoche ordonne d'embarquer les troupes le lendemain. Elles étaient déjà à Brest, ou arrivaient en grand nombre. Parmi elles, on remarquait la Légion des Francs, qu'on appelait aussi l'armée Noire, à cause de la couleur de son costume. Elle formait deux légions : la première était composée de volontaires sous les ordres d'Humbert; la seconde, de chouans qui, la guerre civile terminée, se seraient jetés dans le brigandage, s'ils n'avaient eu la vie assurée. Celle-ci avait une destination spéciale; l'autre devait embarquer à Brest[1]. Le jour de son arrivée, Hoche et son état-major étaient allés au-devant d'elle. Ils constatèrent le bon ordre, la propreté des armes; ce qui, après une longue marche, leur fit bien augurer de cette troupe. Elle racheta par sa bravoure son indiscipline et ses fautes récentes. Hoche les passa en revue et leur donna un jour de repos, en leur annonçant qu'ils s'embarqueraient le lendemain.

Mais Villaret, dont rien ne lasse la malveil-

---

1. Arrêté secret du 25 octobre.

lance, refuse les vaisseaux promis la veille. Ce n'est qu'alors, après trois mois de patience et de silence, que Hoche dénonce au Directoire la perfidie de l'amiral, dans cette lettre qui est un véritable cri de douleur :

« Jusqu'à ce moment, j'ai hésité à vous faire connaître ce qu'est la marine, et ce que vous deviez attendre de ses chefs. J'ai craint de juger légèrement les choses et de vous donner à tort une impression défavorable des hommes. Aujourd'hui que le voile est déchiré, je dois vous faire connaître toute la vérité; un seul fait suffira à l'appui de mes assertions. Vous avez su directement combien d'obstacles avaient été apportés à l'exécution de vos ordres. Ils ont d'abord été discutés, puis communiqués, puis contrariés dans toute leur étendue. Hier c'était le défaut d'argent et de vin, aujourd'hui ce sont les matelots. Demain c'eût été le défaut de cordages ou de voiles. Cependant, depuis trois mois que le citoyen Bruix, directeur du port, et moi luttons contre toutes ces petites menées, ces basses intrigues, les obstacles se sont aplanis par des moyens qu'on a été forcés d'adopter, les espérances de nouveaux délais se sont évanouies. Les perfidies, les ruses employées pour en obtenir d'autres devenaient inutiles. Il fallait partir, ou au moins embarquer, malgré les rapports exagérés qu'on avait grand soin de publier.

« Sachant que les transports étaient prêts, je signifiai à l'amiral Villaret que j'allais diriger les troupes que je commande sur Brest, et je le priai de me faire connaître les vaisseaux qu'il destinait à l'expédition. Vous verrez par sa réponse, dont la copie est jointe à la présente, qu'il pouvait compter sur onze vaisseaux de ligne, deux vaisseaux rasés et dix frégates, et que, s'il avait eu des matelots, il eût pu arrimer quatorze vaisseaux. Par les derniers mots de son *post-scriptum*, il m'annonce bien formellement que je puis toujours *dès aujourd'hui disposer* de ses vaisseaux. Eh bien, sachant que la légion d'Humbert devait embarquer aujourd'hui, il est venu, hier, me déclarer, en présence des généraux Hédouville, Debelle, du chef de brigade Poitoux et du citoyen

Sée, que l'embarquement était une folie, qu'il ne pouvait me donner que sept vaisseaux *tout au plus*, peut-être neuf, mais que c'était le maximum; et qu'ils seraient mal armés, et qu'enfin il ne fallait pas songer à emmener des transports.

« Il crut encore devoir discuter le plan d'opération. Je ne lui répondis qu'en lui donnant à entendre que son exécution eût été entière s'il ne l'eût connu trois mois à l'avance.

« Mais, dit-on, les officiers de la marine appuient par leurs discours ceux de leur chef, on ne peut donc mettre en mer! Eh! quels sont ces officiers? cinq à six marchands de Lorient qui composent la coterie Villaret. J'ai plus d'estime pour le corps de la marine. Si six officiers se plaignent, vingt demandent à grands cris à sortir; mais ils désirent avoir un bon chef, mais ils ne sont pas employés, et les premiers préfèrent la rade à manœuvrer un vaisseau dont ils ne connaissent que la forme.

Villaret s'est mille fois plaint à moi qu'il n'avait pas un bon commandant de frégate, mais il a fait toutes les nominations, et il semble qu'il eût dû être content de son choix! Ce brave Bédou qui défendit si bien le Tigre, l'an passé, n'est pas employé. Vingt autres que je nommerais ne le sont pas non plus. Pourquoi donc? C'est qu'on trouve souvent et avec raison qu'il est difficile de commander à dix hommes plus instruits que soi et qui ne *croient* pas à sa parole.

« Donnez un chef à la marine et nous partons. N'attendez rien de celui-ci. Vous ne croiriez pas qu'après l'avoir poussé à bout, dans une conversation qui eut lieu devant témoins, il n'osa même pas me promettre *une corvette* [1]. »

Villaret, remplacé, disparut. Un contre-amiral et douze capitaines de navires s'en allèrent avec lui. Le vice-amiral Morard de Galles prit le commandement, et les capitaines Lacrosse, Bédou, Daugier, dédaignés par Villaret, obtinrent des commandements. Avec eux la confiance, l'activité renaissent; la désorganisation, « qui, grâce aux

---

[1]. Hoche au Directoire, 16 brumaire an V. Inédite en partie. — Notre texte, qui diffère de celui de Bergounioux, a été pris sur l'original aux Archives.

soins du dernier amiral, était complète, disparaît : tout reprend vie, les fronts se dérident [1] ».

Morard de Galles était âgé de cinquante-cinq ans. Entré dans la marine vers l'âge de vingt ans, il avait débuté sous le bailli de Suffren et comptait presque autant de campagnes que d'années de service. On se plaisait à rappeler ses actions d'éclat, ses blessures glorieuses, le refus d'émigrer et le grade de contre-amiral gagné, en 1793, au service de la République. Par la fatalité des temps, il fut, comme Hoche, comme tant d'autres, emprisonné en 1794. Thermidor le délivra. Les mêmes événements ont sur les hommes des effets différents, selon l'âge et le caractère : ce qui trempa la volonté du général affaiblit l'ardeur du marin; et, prétexte ou raison, Morard de Galles, en recevant sa nomination, invoque son grand âge pour refuser, hésiter, et expliquer ses hésitations, dans le commandement qu'on lui impose : « quoiqu'il suppose que tout le monde soit animé de zèle et de bonne volonté, il redoute l'inexpé-

---

1. Hoche à Clarke, 21 brumaire.

rience des matelots [1] ». Il accepta néanmoins et, dans sa loyauté, il s'efforça de bien faire, mais avec cette demi-énergie qui caractérisait les volontés après la Terreur. Hoche trouvait donc en Morard un collaborateur très soumis [2] et en concevait « une joie à étouffer ». Beaucoup d'officiers ne manquaient ni de zèle, ni de confiance, ni de courage, notamment le capitaine Lacrosse, qui, au retour de cette expédition, accomplit, pour la défense de son vaisseau *les Droits de l'homme,* un de ces actes mémorables qui font la gloire de notre marine. Mais dans beaucoup d'autres, Bouvet,

1. Chevalier, *Histoire de la marine sous la République*, page 271.
2. Hoche aurait préféré et demanda l'amiral Latouche Tréville, fameux par son énergique attitude devant Naples, en 1792. Mais les bureaux de la marine imaginèrent de ne se souvenir que d'un Latouche, conseiller au Parlement, et déclarèrent ne pas comprendre la demande du général. En même temps, ils répandirent le bruit que Hoche était orléaniste, et qu'il ne demandait l'amiral Latouche que parce qu'il avait été attaché, de 1789 à 1791, à la faction d'Orléans. Les lettres de Hoche et de Truguet et les notes que nous avons lues aux archives nous permettent d'affirmer la vérité de cette audacieuse mystification imaginée par les bureaux.
Latouche avait sur cette guerre les mêmes idées que Hoche, et déclarait que c'était chez eux qu'il fallait attaquer les Anglais.

Nielly surtout, à côté de l'amour du devoir, sommeillait, prêt à se réveiller, l'esprit malfaisant qui avait inspiré Villaret et qui restait attaché à l'expédition.

Au milieu de « sa joie à étouffer », Hoche apprenait que le corps de Quantin s'était désagrégé et dissous, et que le Directoire renonçait à en poursuivre une seconde fois l'organisation.

Cependant, comme une diversion en Angleterre était nécessaire, Hoche résolut d'y envoyer la seconde légion des Francs. Composée, comme nous l'avons dit, d'anciens chouans, elle était commandée par des officiers énergiques. Le vieux proscrit irlandais Tale était parmi eux. Leur mission consistait à faire successivement des incursions le long de la côte ouest de l'Angleterre, et plus spécialement à surprendre Bristol[1]. Le chef

---

[1]. On faisait à Paris grand bruit de ce prétendu recrutement de forçats, et les députés royalistes attaquaient le Directoire. Voici ce qu'il fit. Il embrigada d'anciens chouans qui allaient être mis en liberté, choisissant ceux qui parlaient anglais. Mais il défendit qu'on les débarquât en Irlande, de peur qu'ils ne commissent quelque désordre, car dans ce cas « les esprits des habitants seront aliénés et nos espérances anéanties ». — Lettre à Hoche.

de division Castanier reçut l'ordre de les porter à l'embouchure de la Severn et de croiser dans le canal de Saint-George, ce qu'il exécuta, car, dans tout ce qui touche à ces projets de descente, tandis que les Villaret déclaraient tout impossible, les marins résolus échappaient aux croisières inévitables, abordaient les terres inabordables et débarquaient les troupes. En accomplissant une diversion utile à ses projets, Hoche, à l'exemple de du Guesclin emmenant en Espagne les Grandes Compagnies, débarrassait la France d'hommes qui constituaient un danger intérieur.

Vingt-quatre mille hommes étaient réunis. Hoche décida immédiatement d'en emmener quinze mille. Le reste formait un corps de réserve, que le général Hédouville achèverait d'organiser.

Les quinze mille hommes du corps expéditionnaire comprenaient :

1° Douze mille fantassins : la première légion des Francs, si intrépide et maintenant si disciplinée ; la 27ᵉ demi-brigade, dont nous avons raconté l'histoire ; la 24ᵉ ; les grenadiers de la 81ᵉ et la 94ᵉ demi-brigade d'infanterie légère. Seule, au milieu de ces troupes irréprochables, la 94ᵉ tint une conduite indigne de républicains et de Français [1].

2° Mille cavaliers environ, composés de cinq escadrons de hussards des 6ᵉ, 10ᵉ et 12ᵉ régiments; d'un escadron du 7ᵉ régiment de chasseurs et d'une compagnie de trente guides.

3° Cinq cents artilleurs, savoir : une compagnie à cheval, quelques détachements des 3ᵉ, 5ᵉ, 8ᵉ régiments et une compagnie de Seine-et-Oise. Cavalerie et artillerie manquaient de chevaux : on en prendrait à l'ennemi, et les Irlandais en fourniraient.

4° Enfin, pour organiser en troupes régulières les Irlandais qui nous attendaient, Hoche amenait les cadres de quatre régiments.

C'est avec cette poignée d'hommes que le jeune général n'hésitait pas à attaquer l'Angleterre : soldats d'élite, il est vrai, et commandés par des officiers rompus à toutes les difficultés, à toutes les misères de la guerre par une cam-

---

1. Proclamation de Hoche, 10 janvier 1897.

pagne ininterrompue de cinq ans. Dans la pléiade qui entourait Hoche, les meilleurs avaient été choisis : Chérin, Debelle, Humbert, Lemoine, Grouchy, Watrin, Mermet, Regnier.

Le général de division Lemoine commandait l'avant-garde, ayant sous ses ordres les généraux de brigade Gratien et Humbert, et les adjudants généraux Gastines et Regnier. Voici les instructions que donna Hoche au chef de l'avant-garde : « A la vue de la terre, le général Lemoine fera faire les dispositions nécessaires pour le débarquement de l'infanterie seulement. Arrivé au rivage, il débarquera promptement à sa tête et se portera sur le point qu'il jugera le plus facile à défendre [1]. »

La réserve devait être confiée au plus ancien des officiers généraux : c'était Hatry ; il avait Richard O'Shée sous ses ordres.

Le commandement du corps de bataille revenait au futur maréchal de Grouchy, alors général

---

[1]. Ordre du jour communiqué aux généraux et chefs d'état-major au moment de l'embarquement, cité dans *le Général de Grouchy et l'Irlande*.

de division. Sous ses ordres, les généraux de brigade Spital et Watrin commandaient l'infanterie et Mermet la cavalerie. Le rôle du général de Grouchy, que les circonstances et l'inertie de la marine allaient rendre si difficile, était donc très important; aussi convient-il de rapporter les instructions qu'il reçut pour le débarquement : « Ce général, avec autant de vivacité que d'ordre cependant, se portera à la tête de ses troupes à la hauteur de l'avant-garde. Les circonstances et les localités peuvent seules déterminer ce qui sera préférable de faire, et décider si le corps de bataille ne devra pas prendre position à une distance quelconque de l'avant-garde, afin de protéger d'une manière plus certaine et plus efficace le débarquement. » Ainsi, pour l'avant-garde, débarquer promptement; pour le corps de bataille, se porter avec vivacité à la hauteur de l'avant-garde et protéger le débarquement : telles sont les instructions qui ne peuvent justifier aucun retard, aucune hésitation.

Hoche en effet n'avait négligé aucune précaution pour que son plan fût exécuté avec rapidité, même en son absence[1]. Dans ce cas, le rôle de Grouchy, à qui revenait, comme plus ancien divisionnaire, le commandement en chef, devenait capital. Près de lui étaient d'abord Chérin, chef d'état-major général, et l'adjudant général Simon, qui connaissaient dans tous ses détails et le plan et la pensée de Hoche, ensuite l'adjudant général Smith. Ce Smith, c'était Wolf Tone, qui avait dans la main tous les fils de la conspiration irlandaise et devait établir les rapports de l'armée insurrectionnelle avec l'armée de débarquement.

La flotte, prête à partir, était sous le commandement de Morard de Galles; il confia l'avant-garde à Bouvet, l'arrière-garde à Nielly. Richery, qui avait eu le temps de rejoindre, commanda l'escadre légère. Les marins manquaient avec Villaret, ils sont trop nombreux maintenant et on en laisse. Seul l'argent promis par le ministère des finances n'arrive pas, et n'arrivera pas avant le départ.

1. Bergounioux, *Vie de Hoche.*

Les instructions données à la flotte sont simples : éviter à tout prix le combat; si c'est impossible, aborder les vaisseaux ennemis, jeter nos soldats sur leurs ponts et combattre à l'arme blanche.

« Tout, terre et mer, est parfaitement disposé, écrit alors Hoche; gaieté, sécurité sont sur les fronts, zèle et patriotisme dans les cœurs ! Vienne le vent, et nous partons [1]. »

Mais les vents favorables, rares dans cette arrière-saison, que les retards ont laissée arriver, ne se levaient pas. Les troupes attendaient à Brest, nombreuses, gênées, en proie à toutes les tentations, à toutes les excitations de la ville. Les ennemis de Hoche et de la République, profitant de ces circonstances favorables à l'indiscipline, recommencèrent à fomenter des désordres et donnèrent aux mauvais soldats, comme motif et comme exemple, la longue résistance de la marine. Bouvet, disaient-ils, et bien d'autres ne faisaient leur devoir qu'avec désespoir et condam-

---

1. Lettre du 27 brumaire.

naient en silence cette expédition, impossible, inconstitutionnelle. Hoche, ajoutaient-ils malgré sa proclamation, ne partirait pas avec les troupes; quant aux fonds nécessaires à la solde, ils n'arriveraient jamais. Les soldats se laissèrent gagner; la désertion commença; les mutineries suivirent. Certaines compagnies de grenadiers, si indisciplinées en vendémiaire, n'ayant pas reçu la solde, refusèrent de s'embarquer. Hoche, comptant plus sur l'honneur que sur la force, au lieu de les contraindre, les chasse avec mépris de l'armée, ordonne dans sa proclamation de les cantonner dans un village. Les soldats se calment, les officiers les ramènent au port; tous demandent à partir. Hoche n'admet pas cette sorte de transaction sur la discipline; il refuse, leur dit-il, d'emmener des hommes qui n'ont d'autres mobiles que l'or. Reconduits dans la ville, laissés toute la nuit sur la place, les soldats réfléchissent, menacent les auteurs de la révolte et obtiennent, par leur repentir et la punition des coupables, un embarquement qui devient une faveur.

Ainsi se passèrent la fin de brumaire et le commencement de frimaire à tisser cette toile de Pénélope défaite dans l'ombre par un mauvais génie dont toujours (et aujourd'hui encore) souffre cruellement la république : l'opposition d'une administration habile à combattre dans le silence et à vaincre le gouvernement qu'elle doit servir. La faiblesse du Directoire fut une des causes premières du retard éprouvé et des embarras du début. La mauvaise organisation des pouvoirs et les conflits causèrent plus de mal encore, et permirent au ministère des finances et à la commission de la trésorerie de laisser constamment le chef de l'expédition sans l'argent indispensable. Les officiers de marine refusaient d'obéir à l'amiral, prétendant ne recevoir d'ordre que du ministre de la marine; c'était l'indiscipline organisée dans un corps militaire. Pauvre Morard de Galles! « Il est déjà vieilli de vingt ans [1]. »

Contre tant d'opposants, Hoche et Morard appelaient le ministre à leur aide. Celui-ci sentit

---

1. Rousselin, *Vie de Hoche*, page 283.

bientôt la nécessité de briser lui-même les dernières résistances, et annonça son arrivée prochaine à Brest. Mais on l'attendit vainement.

L'Irlande au même moment se calmait, disait-on, vaincue ou découragée. Oubliait-on là-bas aussi?

C'est alors que Hoche éprouva cette heure de désespoir qui prend même les héros, quand tout est conjuré contre eux : hommes, institutions, éléments. Il eut la pensée rapide de renoncer à l'entreprise. « Notre détestable marine, dit-il, ne peut et ne veut rien faire. J'offre au gouvernement les seize mille hommes que j'ai réservés pour l'expédition ; attendre plus longtemps serait les exposer à périr de faim et de misère. Obtenez, je vous en supplie, que je ne les quitte jamais; je les conduirai où l'on voudra, en qualité de général divisionnaire ; et, quel que soit l'homme sous lequel on me place, soyez convaincu que je remplirai mon devoir [1]. »

---

[1]. Hoche à Pétiet, ministre de la guerre, 18 frimaire an V (8 décembre 1796). *Le Général de Grouchy et l'Irlande*, page 65.

Trois jours après, Hoche est à bord de la *Fraternité*. L'amiral Richery, trompant la croisière anglaise, venait d'entrer dans le port de Brest, apportant des approvisionnements, la joie, le courage, la confiance. Hoche en profite : il emprunte à Richery trois bâtiments et l'emmène lui-même; il enlève pour ainsi dire l'armée et la flotte. La marine réclame encore de l'argent, mais les troupes qui ont tant souffert n'ont rien perdu de leur gaieté. Tout n'est pas fini.

« On croit toujours ce qu'on désire, écrit-il tristement; je croyais hier toucher à la fin de la lutte scandaleuse de la marine contre le gouvernement... chacun me le disait; aujourd'hui il n'en est plus ainsi. Les vents sont toujours parfaits, mais, dit-on, nous n'avons point d'eau; les vivres ne sont pas répartis également, maintenant nous n'avons point toutes nos voiles. J'oserais presque répondre qu'avant un mois on nous assurera qu'il n'y a pas d'eau dans la mer [1]. »

Bruix pourtant, le dévoué Bruix, et avec lui

---

1. Hoche au Directoire, an V, 22 frimaire. Inédite.

Daugier, Bedou, Linois, Lacrosse, Dufay luttent contre la malveillance et, à force d'énergie, terminent les préparatifs.

Quatre mois de travail vont-ils être perdus? Impuissant à dompter les résistances, le Directoire, après avoir renoncé à l'expédition de Quantin, renonçait à celle de Hoche. Un ordre partit de Paris qui devait retenir le général. Cet ordre heureusement arriva trop tard. « Les Français sont enfin sur la mer », comme le chante, en les appelant, la pauvre vieille Irlande.

La 25 frimaire an V [1], à deux heures du jour, la flotte lève l'ancre. Les troupes qui partent ont reçu le prêt jusqu'au 1er nivôse; celles qui restent sont prêtes pour un prochain départ, et la flotte sort de la rade « par le plus beau temps du monde [2] ».

1. 15 décembre 1796.
2. Lettres de Hoche des 22 et 26 frimaire.

XII

A BANTRY

En sortant de la rade, la flotte s'embossa sous les hautes falaises de la baie de Camaret, où la rejoignirent, le lendemain, les frégates empruntées à l'escadre de Richery et quatre vaisseaux qui, s'étant abordés, avaient réparé leurs avaries dans le port. A la nuit tombante, le 26 frimaire, tous les prétextes de délai, toutes les causes de retard épuisés, on mit à la voile.

La flotte, sous les ordres du général Morard de Galles, comme on disait alors, ayant Bruix pour major général, était composée de quarante-huit voiles : dix-sept vaisseaux de ligne, treize frégates, cinq corvettes et huit flûtes ou transports.

Les bâtiments étaient ainsi répartis entre l'avant-garde, le corps de bataille et la réserve :

Le contre-amiral Bouvet, qui commandait l'avant-garde, avait sous ses ordres six vaisseaux de soixante-quatorze canons : le *Nestor*, commandant Linois; les *Droits de l'homme*, commandant Lacrosse; la *Révolution*, le *Cassard*, le *Tourville*, l'*Éole;* quatre frégates : l'*Immortalité*, la *Bravoure*, la *Bellone*, la *Cocarde*, et deux corvettes.

Bouvet était sur l'*Immortalité* avec Grouchy, commandant l'expédition en second. Le général de division Lemoine, commandant l'avant-garde du corps expéditionnaire, était sur le *Nestor;* Humbert, sur les *Droits de l'homme;* O'Shée, sur la *Révolution;* Grattien, sur le *Tourville;* Hatry, sur l'*Éole*. L'avant-garde de la flotte portait donc l'avant-garde de l'armée, comme cela était naturel, et de plus le général Grouchy, qui commandait le corps de bataille et devait au besoin remplacer Hoche, comme Bouvet devait remplacer Morard de Galles. Ils étaient tous les deux sur une frégate, comme Hoche et Morard, comme l'amiral Richery, comme le contre-amiral Nielly. Contrairement aux prescriptions du ministère, qui ordonnait aux officiers supérieurs de monter un vaisseau, on préféra les frégates, parce qu'il parut indispensable que les amiraux et les généraux pussent se porter rapidement dans toutes les directions.

Le corps de bataille était composé de six vaisseaux de soixante-quatorze canons : le *Fougueux*, le *Mutin*, l'*Indomptable*, le *Redoutable*, le *Patriote*, le *Pégase*, de cinq frégates et de deux corvettes. A bord d'une de ces frégates, la *Fraternité*, étaient Morard de Galles et Hoche. Chérin était à bord de l'*Indomptable*, commandé par Bedou; le général Watrin à bord du *Fougueux*.

La réserve comprenait cinq vaisseaux, quatre frégates et les transports; elle était commandée par le contre-amiral Nielly, monté sur la frégate la *Résolue*. Le général de brigade Mermet était à bord de la *Surveillante*.

Cette flotte et cette armée, avec lesquelles on tentait une des œuvres les plus hardies de ces temps de hardiesse, étaient capables, on le voit, de se mesurer avec la flotte anglaise, s'il le fallait, et, si elle abordait, d'imposer la paix. Elle allait, cette flotte, vers un point inconnu à tous; on apprit seulement au large que le point de débarquement choisi était la baie de Bantry [1]. On agissait en secret, comme il convenait de le faire pour le bien de la patrie : mais le silence gardé par ces sages audacieux est resté sur leur entreprise même, que l'histoire ignore.

Plus tard, quand la République fut aux prises avec les généraux chercheurs de renommée, une autre expédition fut organisée. Soixante-douze vaisseaux ou frégates, quatre cents transports, dix mille matelots, quarante mille hommes de troupes, un état-major comme pour une armée de cent mille hommes, une académie pour raconter les exploits, suffisaient à peine au nouvel Alexandre partant pour l'Egypte. Mais il songeait à lui, non à la France; recommandait le secret et faisait grand bruit de ses immenses préparatifs, et l'histoire a ajouté le fracas de

1. Arrêté secret du 25 octobre.

cette aventure à tant d'autres récits qui nous plaisent et nous dépravent.

Le 16 décembre, à 1 heure et demie, la flotte partait avec cette préoccupation : rencontrera-t-on l'ennemi?

« Si on le rencontre, avait dit Hoche[1], il ne peut être qu'inférieur, égal ou supérieur en forces : dans le premier cas, s'il nous attaque, il sera battu; dans le second et le troisième cas, on manœuvrera, pour ne pas s'engager, s'il est possible. Mais si l'on est forcé au combat, pas d'hésitation sur celui qu'on doit livrer : c'est à l'abordage et corps à corps. Notre infériorité est décidée par le nombre des vaisseaux ennemis, la célérité de leurs manœuvres, la justesse de leurs tirs. Qu'avons-nous de plus qu'eux ? Sur chaque vaisseau, onze cents hommes dont la force et le courage s'annulent à la distance des combats ordinaires et qui n'empêchent pas nos vaisseaux d'être maltraités, désemparés, dévastés. Que faut-il donc faire ? Brusquer l'at-

---

1. Bergounioux, *Vie de Hoche*.

taque, et étonner l'ennemi par notre audace. Tout vaisseau abordé doit être pris. L'abordage est-il donc si difficile ? On objecte la forme des vaisseaux, l'avantage des vents, l'état de la mer. Je réponds que la forme des vaisseaux n'est pas telle qu'on n'en puisse joindre une partie, pour sauter à bord; que nous pouvons avoir l'avantage du vent, et que l'état de la mer, s'il est un obstacle à l'abordage, peut en être un aussi au combat. La possibilité d'aborder existe donc. Cette chance est toute en notre faveur, et j'ose même dire que c'est la seule qui nous reste, attaqués par des forces supérieures. Ce genre de combat est tombé en désuétude dans la marine. La tactique, les évolutions navales ont régularisé le courage; mais il en résulte que notre pas de charge a été perdu. Jamais circonstance plus impérieuse n'imposa la nécessité de le retrouver. Ce parti une fois pris, et les ordres donnés, les dispositions relatives sont simples et à la portée de chaque capitaine. Il s'agit de passer, c'est-à-dire de vaincre à tout prix, ou de mourir. Que chacun reste convaincu de cette nécessité, et nous passerons. »

Pour assurer le succès de la navigation ou du combat, il fallait que, selon les circonstances, l'autorité prépondérante appartînt pendant la marche aux marins, et en face de l'ennemi aux généraux. Ces conditions presque contradictoires furent ainsi réglée : Hoche laissa aux officiers de marine toute l'autorité à leur bord, et prescrivit à ses lieutenants le respect de cette autorité ; il déclara qu'il se réservait l'autorité absolue pour lui et ses lieutenants dans le cas de rencontre avec l'ennemi. La marine n'était donc pas amoindrie : elle restait maîtresse jusqu'au débarquement ; mais en cas que certains officiers, imbus des idées de Villaret, ne créassent des difficultés, le ministre Truguet donna à Hoche le pouvoir de faire embarquer « les contre-amiraux inutiles et dangereux et lui remit dans ce but trois ordres en blanc ». Il n'y avait sur la flotte, sans compter Morard de Galles, que trois contre-amiraux, Bouvet, Nielly et Richery, et tous, on le savait, prétendaient à l'indépendance. A eux revient toute la responsabilité de l'échec.

En vain on a voulu la faire peser sur Hoche et

affirmé qu'il donna des instructions incomplètes. Il suffit de les citer pour montrer l'inanité de l'accusation. Après avoir établi l'ordre des troupes, indiqué à chaque général le rôle qu'il avait à remplir, Hoche ajoutait :

« Le général en chef établit ces principes généraux : 1° que l'infanterie doit se porter à terre aussi promptement que possible ; 2° que l'artillerie doit s'assurer de joindre à l'infanterie quelques pièces (le calibre 4 est d'abord préférable) ; 3° que la cavalerie ne doit être débarquée que lorsque l'infanterie le sera ; 4° que les chevaux ramenés par les patrouilles, ou offerts par les habitants, n'appartiennent point aux individus, qu'ils doivent être donnés aux officiers généraux et d'état-major pour les distribuer à la cavalerie de l'avant-garde, à la compagnie d'artillerie, etc., etc.; 5° que les déserteurs de l'ennemi et les habitants, qui voudront s'enrôler, ne doivent pas être conservés à l'avant-garde, mais envoyés au général Hatry, qui les répartira également entre les quatre régiments d'infanterie qu'il a sous ses ordres.

« Après le débarquement et dans les marches ordinaires, le parc sera placé entre les 24ᵉ et 94ᵉ demi-brigades d'infanterie; les administrations se tiendront entre les corps de la bataille et la réserve.

« Il est une infinité de détails qui ne peuvent trouver place ici; le général en chef se réserve de les donner de vive voix sur le terrain, et s'en remet d'ailleurs à l'intelligence des officiers généraux pour ce qu'il aurait omis. Il se borne donc à recommander aux officiers généraux de veiller à ce que l'ordre et la discipline soient sévèrement maintenus, à ce que les personnes et les propriétés soient scrupuleusement respectées. Nos succès dépendent de la conduite que nous tiendrons dans ce pays, où l'honneur nous fait une loi sévère de ménager les paisibles habitants des campagnes, auxquels les querelles et les formes de gouvernement sont assez souvent étrangères et indifférentes.

« Le général Hoche compte sur le zèle et l'attachement de ses camarades qui sont ses amis, et leur renouvelle l'assurance qu'ils peuvent compter sur la durée des sentiments qu'il leur a voués.

« Les officiers généraux commandant l'avant-garde, le corps de bataille et la réserve, nommeront à l'avance un conseil de guerre conformément à la loi.

« Les troupes recevront avant de débarquer des vivres pour quatre jours. Les généraux auront soin de les leur faire préparer à l'avance, afin d'éviter les retards. »

Chaque général reçut des instructions verbales, notamment Chérin, chef d'état-major, et Grouchy[1], qui commandait en second et devait remplacer Hoche, en cas d'absence. Il leur remit une carte d'Irlande et leur fit connaître, *la carte à la main*, ce qu'il se proposait d'entreprendre sur la province de Munster, dans laquelle se trouve le port de Bantry[2].

Deux passes, en sortant de Brest, permettent de gagner la haute mer, celle du Raz et celle

---

1. Hoche au Directoire, 8 pluviôse, 5ᵉ année. — *Inédite*. Citée page 218 en note.
2. Lettre du 8 pluviôse.

de l'Yroise : la première se dirige vers le sud, entre l'île de Sein et la baie des Trépassés; l'autre débouche en pleine mer; la première dangereuse, mais libre; l'autre facile, mais gardée par la croisière anglaise.

L'amiral Morard de Galles donna l'ordre de sortir par le Raz, afin d'éviter la flotte de l'amiral Colpoys et de le tromper sur la route suivie. La flotte s'engagea aussitôt dans le Raz; mais l'obscurité venue, le changement des vents, un vaisseau échoué sur les récifs et peut-être aussi la possibilité d'échapper à la croisière ou au contraire l'espoir de n'y pas échapper et d'être obligé de rentrer, amenèrent de tels troubles que l'amiral changea de résolution et préféra sortir par l'Yroise.

Morard donna de nouveaux ordres, quand plusieurs vaisseaux obéissaient déjà aux premiers. Ce changement, en pleine nuit, fut annoncé par les coups de canon réglementaires. Mais en même temps le *Séduisant,* échoué dans le Raz et en proie à l'incendie, tirait le canon d'alarme, et des frégates anglaises tiraient de leur côté pour avertir leurs vaisseaux ou tromper les nôtres. La nuit, la violence du vent, ces signaux multiples, augmentèrent la confusion. Une partie de la flotte sortit par le Raz, passant avec effroi devant le *Séduisant* en flammes; une autre partie sortit par l'Yroise. La *Fraternité*, la dernière, prit l'Yroise, se lança vers l'ouest et le lendemain se vit seule en pleine mer. La corvette *Atalante*, envoyée pour faire les signaux, ne reparut même pas.

De la flotte préparée si péniblement, Hoche cherchait vainement une voile. Vers une heure apparut une frégate, la *Cocarde*, puis une autre, la *Romaine*, que montait Richery, et enfin le vaisseau le *Nestor*, commandé par Linois et monté par Lemoine. Mais successivement la brume, la nuit et le vent, voilent ou emportent frégates et vaisseaux, et la *Fraternité*, poussée loin de sa route, navigue seule aussi, incertaine de la direction à prendre pour retrouver la flotte française et éviter la flotte anglaise. Après avoir échappé à des coups de vent terribles, la *Fraternité*, toujours seule, s'approcha de l'Irlande;

mais un vaisseau anglais de 64 canons lui donna la chasse pendant douze heures et l'éloigna du but presque atteint.

C'était le moment où notre flotte entrait presque tout entière dans la baie de Bantry.

Un instant dispersée par un ouragan, à la hauteur d'Ouessant, la flotte se groupa le 17 décembre, et Bouvet en prit le commandement. Les instructions, que l'amiral ouvrit immédiatement, fixaient la baie de Bantry pour le débarquement et, en cas d'impossibilité, la baie de Galloway, située plus au nord. Ces instructions prescrivaient à chaque capitaine, dans le cas où il arriverait seul à Bantry et n'y trouverait pas la flotte, de croiser cinq jours devant le cap Mise-Heand et de rallier ensuite la baie de Galloway. Grouchy, qui remplaçait Hoche, comme Bouvet remplaçait Morard de Galles, réunit les amiraux et leur annonça son intention de débarquer, même si le général en chef n'était pas au point de ralliement [1]. C'était conforme à la

---

1. *Le Général de Grouchy et l'Irlande.*

pensée et à toutes les instructions de Hoche, autant qu'à la simple raison.

En attendant, on envoya deux bâtiments légers à la recherche du général en chef.

La baie de Bantry, profonde de vingt-huit kilomètres, doit son nom au village de pêcheurs situé tout à fait à son extrémité. Elle est entourée de collines abruptes et dénudées, aux rochers gris, aux bruyères fauves. Ce pays, pittoresque et sauvage comme l'Écosse ou la Bretagne, était habité par une rude population de pêcheurs et de montagnards, de tout temps insoumis. Il était encore pour eux le berceau d'Ossian, l'ancien royaume de Jouvence, le pays du géant O'Donoghue, resté maître des airs, des terres et des eaux et dont le faucon plane toujours sur la baie. Aux légendes de l'Indépendance s'ajoute ici le souvenir d'une flotte venue de France, comme saint Patrick, et de combats dans la baie et de débarquements audacieux et de l'effroi des Orangistes[1]. Qu'un

---

1. 1689 et 1690. Flottes sous les ordres de Châteaurenault et de Lauzun. — Cette contrée est restée pas-

Français reparaisse! l'insurrection sera générale; et ces rudes hommes viendront à nous. Les pilotes ne dirent-ils point cela à Bouvet et à Grouchy? Ne le savait-on pas déjà? Ignorait-on qu'un groupe d'insurgés se cachait à deux jours de marche? que quinze cent prisonniers français étaient à Kingsale, gardés par deux à trois mille hommes? qu'il n'y avait dans la baie ni forts, ni canons, ni force militaire [1]? Pas une

---

sionnément attachée à la France. Les voyageurs l'ont constaté souvent. V. Pichot, *l'Irlande et le pays de Galles*, t. I, p. 343. En 1844, à la nouvelle d'une rupture imminente entre l'Angleterre et la France, les souvenirs de 1796 y furent tout à coup ravivés et rajeunis. — La reconnaissance, l'affection de l'Irlande pour la France éclata d'une façon extraordinaire, en 1871. La Société de secours aux blessés voulut remercier l'Angleterre et l'Irlande des secours que nous avions reçus d'elles. Le président, M. de Flavigny, et un certain nombre de personnes, parmi lesquelles on remarquait deux Irlandais d'origine, M. le vicomte O'Ney de Tyrone, officier français, et M. le duc de Feltre (Clarke), se rendirent à Dublin et de là à Cork, à Bantry, etc. Partout ils furent reçus avec un enthousiasme universel. L'administration anglaise avait beau s'en montrer froissée; la nation irlandaise acclamait les Français. — M. Duquet a raconté avec beaucoup d'entrain ce voyage, dans son intéressant volume intitulé *Irlande et France*. Paris, 1872, in-12, chez Michel Lévy.

1. Rapport du capitaine Mac Sheehy. V. *Grouchy et l'Irlande*.

ville, pas un fort ne présentait même un semblant de résistance. Tant de chances de succès ne corroboraient-elles pas les instructions si précises de Hoche : débarquer et éviter tout retard ?

A quelque distance de l'ouverture de la baie se trouve une île, Beer, située près de la côte nord et laissant entre elle et cette côte un espace à l'abri des vents et facile à défendre contre une attaque : c'est le mouillage de Beer-Haven. Rien ne s'opposait à ce que la flotte le gagnât immédiatement (22 décembre). Les instructions prescrivaient de le faire et le désignaient comme le mouillage n° 1. C'était seulement, dans l'impossibilité constatée de gagner Beer-Haven, que deux autres mouillages étaient indiqués avec non moins de précision; car rien ne fut laissé au hasard [1].

Aussitôt l'esprit d'indépendance des amiraux se manifeste. Nielly répond qu'il croisera trois jours et pas davantage au cap Clear, qu'ensuite

[1]. Voir pour les détails *Victoires et Conquêtes*, ouvrage qui n'est cependant pas écrit dans un esprit favorable à Hoche. On y trouve une excellente carte de la baie avec indication des trois mouillages. Voir également Jomini.

il rentrera à Brest. Richery montre qu'il agira comme Nielly; Bouvet qu'il ne fera autrement qu'à contre-cœur. La marche continua cependant; après quelques erreurs, on atteignit l'entrée de la baie : Nielly et Richery s'arrêtèrent et mouillèrent en dehors des pointes. Bouvet entra dans la baie. Sur son ordre, chaque capitaine ouvrit l'instruction n° 1 relative au mouillage. Elle indiquait avec une précision remarquable le point où le débarquement devait s'opérer.

Trente-quatre bâtiments touchaient ou voyaient l'Irlande. Mais cette flotte échappée aux Anglais, au lieu de profiter de ces avantages et d'exécuter ses ordres, se divisait. Bouvet entrait dans la baie avec quinze bâtiments ; mais Nielly et Richery, avec leurs deux divisions, comptant dix-neuf voiles, restaient au loin. Le premier courait d'inutiles bordées, les deux autres ne bougeaient pas. Grouchy voulut les appeler : Bouvet refusa d'envoyer un bâtiment léger les prévenir. Ces résistances criminelles des amiraux, c'est l'esprit de Villaret ressaisissant les marins, même Bouvet, sur qui l'on comptait précédemment.

Le 22 décembre, il s'avança cependant en récriminant, pénétra dans la baie, entraîné par un vent favorable. Cette circonstance heureuse, pas plus que celle qui la suivit, ne réveilla son ardeur. Des pilotes, par une erreur peut-être volontaire, ou croyant à l'arrivée d'une flotte anglaise, vinrent au-devant de nos vaisseaux et leur servirent de guides. Ils révélèrent à l'amiral que, depuis trois jours, aucun bâtiment anglais n'avait paru, et que les plus rapprochés étaient six frégates mouilllées dans la baie de Cork. C'était la sécurité pour un débarquement immédiat.

Ainsi, sauf deux vaisseaux, deux corvettes et trois frégates, la flotte était arrivée; l'impossible était accompli. Ni les vents, ni les brouillards, ni les croisières, ni nos retards, ni notre faiblesse n'avaient empêché de porter sur la côte douze mille hommes, et Grouchy, et Chérin, le chef d'état-major de Hoche, et ces généraux décidés : Humbert, Watrin, Mermet, O'Shée, et, sous le nom de Smith, Wolf Tone, le père des Irlandais-Unis. Mais il manquait la *Frater-*

nité, il manquait à l'expédition son âme et à la circonstance son héros.

Le vent fut favorable les 21 et 22 décembre [1] et le 23 dans la journée (1ᵉʳ, 2 et 3 nivôse an V).

Avancer dans la baie en louvoyant et se laisser ensuite ramener vent arrière dans Beer-Haven était facile. On ne le fit pas. Soit inexpérience [2], soit mollesse, soit mauvais vouloir, on louvoya sans ordre. Le vent fraîchit et devint fort. Dans Beer-Haven on eût été à l'abri, dans la baie on fut exposé. L'*Immortalité* jeta l'ancre, et l'amiral, s'oubliant, laissa chaque capitaine libre de sa manœuvre. A ce signal, selon l'esprit qui les animait, les uns mouillèrent dans la baie, les autres rejoignirent Nielly et Richery [3]. La dis-

---

1. Bouvet le reconnaît dans son mémoire justificatif, cité dans *Victoires et Conquêtes*.
2. Chevalier, *Histoire de la Marine*.
3. Des bâtiments habitués à plus d'activité eussent pu, dès les premiers jours, atteindre un mouillage favorable et mettre leurs troupes à terre. Le succès de l'expédition était encore assuré. Nos vaisseaux furent malheureusement dispersés par un coup de vent qu'ils eurent l'imprudence d'attendre dans une baie ouverte (*Guerres maritimes*, par l'amiral Jurien de la Gravière, t. I, p. 144). On verra plus loin (combat du 20 vendémiaire an VI) que, bien commandés, nos vaisseaux ne manquaient pas

persion augmentait. Une première occasion favorable échappait. Le lendemain, Nielly, Richery et les autres vaisseaux avaient disparu.

Après leur départ, il restait dans la baie huit vaisseaux, deux frégates, quatre corvettes et un transport, sur lesquels étaient six mille hommes. Allait-on laisser la flotte s'évader de la baie, vaisseau par vaisseau, comme des déserteurs ?

Dans une circonstance où le succès dépendait de la rapidité des opérations, on délibérait, on discutait. Bouvet critique l'expédition, craint l'arrivée des Anglais, veut sauver ces restes de notre marine. Grouchy veut débarquer, rester dans la baie, dût-elle être bloquée. Cette éventualité était du reste prévue et des chaînes avaient été apportées pour barrer l'entrée. Ils discutaient ainsi les mesures extrêmes, retourner honteusement à Brest ou débarquer vaillamment sous le canon ennemi. Mais tous les deux, chefs par hasard, ne se décidaient pas. Cette lutte de deux

---

d'activité, et que la flottille de Bompard essaya de débarquer ses hommes, même sous le canon d'une escadre ennemie trois ou quatre fois plus forte.

volontés indécises, de deux pouvoirs mal tenus et se croyant égaux, ne pouvait se terminer que par la disparition de l'un d'eux. Il fallait, a écrit Grouchy, jeter l'amiral à la mer [1].

Peut-être songeait-il à faire arrêter l'amiral, qui méditait de lever l'ancre et d'emporter le général.

Comme il eût été utile d'avoir alors, sur la flotte, un de ces Conventionnels en mission pour remplacer Bouvet, ou que Hoche ralliât la baie et fît rudement usage des pouvoirs qu'il avait sur les contre-amiraux « inutiles ou gênants ! »

Le 11 nivôse, Grouchy réunit sur *l'Immortalité* : Chérin, Mermet, Simon, Tone et les autres officiers généraux. Tous demandent qu'on débarque immédiatement les six mille hommes qui sont encore dans la baie. La moitié de l'Irlande attend avec anxiété : tous sont prêts à nous aider. Fitz-Gérald et dix mille Irlandais-Unis sont réu-

---

1. Ce mot est faussement attribué à Chérin. On raconte que, devant l'obstination de Grouchy à ne pas débarquer, Chérin, se promenant avec lui sur le pont, fut tenté de le jeter à la mer. C'est une erreur et une calomnie. Chérin et Grouchy étaient d'accord pour demander à l'amiral de faire débarquer les troupes.

nis non loin de la côte. O'Connor excite les tièdes ; de plus hardis essayent de surprendre Cork [1]. Grouchy se décide enfin à commander. Il prépare un ordre aux troupes. « Républicains, dit-il, le hasard de la mer nous sépare du général en chef. Dépositaire de ses projets, très sûr du chemin qu'il eût suivi pour vous mener à la victoire, je me vois appelé par les circonstances à remplir pendant quelques instants la tâche glorieuse qui lui était destinée... » Je vous requiers, écrit-il aussitôt à Bouvet, de prendre les mesures nécessaires pour débarquer, au lieu que vous indiquent vos instructions, l'artillerie, les munitions, les troupes et les vivres. Voilà l'ordre qu'il fallait donner trois jours plus tôt. Malgré le retard néanmoins, il était encore facile à exécuter et il assurait le succès [2].

[1]. Moreau de Jonès, *Récits de guerre de la Révolution et de l'empire*, t. II. — Bientôt après O'Connor déclara, dans une adresse aux électeurs, qu'il n'eût jamais osé dire à ses concitoyens de s'armer contre les troupes françaises (*Moniteur*, an V, n° 153).
[2]. Grouchy, en annonçant son excellente résolution au Directoire, eut le tort d'ajouter : « Je regrette que l'ensemble du projet du général Hoche ne me soit pas plus connu, qu'il ne m'ait point donné d'instructions et que

Bouvet, avec son apparente soumission, envoie reconnaître une anse propice au débarquement ; puis la flotte appareille lentement. A quatre heures, après avoir longtemps louvoyé et peut-

le fil de ses intelligences avec les mécontents ne soit pas entre mes mains, car je ne dois point vous le cacher, citoyens directeurs, mon zèle et mes efforts sont pour ainsi dire ma seule boussole. » — Voici la réponse que fit à cette accusation le général Hoche : « Paris, le 8 pluviôse, 5e année. Citoyens directeurs. — Tous les officiers généraux de l'armée expéditionnaire m'ont rendu compte des événements divers qui leur sont arrivés, pendant leur séjour à bord des bâtiments de l'armée navale ; tous ont confirmé les détails donnés et que le Directoire connaît assez par les rapports qui lui ont été adressés ; un seul, le général Grouchy, s'est permis de répéter plusieurs fois dans son journal, et sans doute il l'aura écrit au Directoire, qu'il n'avait reçu *aucuns ordres ni instructions* de moi. Il est de mon devoir de démentir une pareille assertion ; et pour ce, je joins ici l'ordre secret, adressé aux officiers généraux de l'armée, que je lui ai remis, *avec une excellente carte d'Irlande*, après lui avoir fait connaître, *la carte à la main*, ce que je me proposais d'entreprendre sur la province de Meunster, dans laquelle se trouvent les ports de Bantry, Cork, Baltimore, Kingsale (où se trouvaient au moment de notre arrivée 1500 prisonniers français), Waterford, Yougall et Wexford.

« Cette province du sud de l'Irlande est la plus riche des quatre dont est composé le royaume ; on y trouve en abondance les chevaux, les bœufs, les grains et les fourrages. Les magasins des ports que j'ai désignés plus haut eussent amplement approvisionné ceux de la marine française, en lui fournissant les chanvres, cordages, toiles à voiles, salaisons, etc., etc., dont ils sont abondamment pourvus ; et enfin cette même province possède d'excel-

être évité Beer-Haven [1], l'amiral donna le signal de tout préparer pour le débarquement. Un des capitaines fit demander s'il devait l'exécuter immédiatement, ce qui permet de supposer qu'il était possible. « Non, demain, répondit l'amiral. » Toujours demain ! C'était le moment

lentes routes qui conduisent de Cork à Limerik, Carhel, Kilkenny, Waterford et autres villes principales du pays. C'est donc à tort que le général Grouchy s'est permis de critiquer aussi amèrement *ceux qui ont choisi Bantry-Bay* pour opérer la descente. Cette baie est la plus facile et la plus sûre de toutes celles de l'Angleterre, l'ennemi ne pouvant y forcer notre armée navale, ni même la bloquer, puisque les vents qui lui permettent d'en sortir chassent au large la flotte qui croiserait de *Misen-head* à l'île de Dursëy.

« Le Directoire me permettra de trouver étranges les procédés du général Grouchy; ses membres se rappelleront assez quels ont été les miens à l'égard de cet officier.

« L. HOCHE. »

Les mots soulignés le sont dans l'original conservé aux Archives nationales.

1. *Victoires et Conquêtes* : « Il fit appareiller sur-le-champ les vaisseaux et frégates et tous se mirent à louvoyer. A quatre heures, le général se trouvait avec sa frégate nord et sud de la pointe est de Great Beer Island. Alors il signala qu'il avait l'intention de faire une descente dans le nord quart nord-est, point où il relevait l'anse qu'on avait reconnue. On pourrait demander comment, se trouvant nord et sud de la pointe est de Great Beer Island, avec des vents sud-est, il n'a pu doubler cette pointe pour laisser arriver dans Beer Havend et prendre le mouillage n° 1. C'est encore une des choses qui paraissent inexplicables. » (Tome IX, p. 286.)

pour Grouchy non de jeter l'amiral à la mer, mais de le mettre en état d'arrestation! Les vents n'étaient pas encore entièrement déchaînés, ni la mer dangereuse, puisqu'une frégate chargée de jeter l'artillerie à l'extrémité de la baie put y arriver, puisque l'*Indomptable* resta deux jours encore dans la baie.

On pouvait, à ce moment, débarquer, dit un témoin oculaire, essayer au moins, car quelques hommes furent sans difficulté jetés à terre [1]. Le soir, le vent se leva, augmenta le lendemain (25 décembre), et, au milieu de l'orage qu'il bénissait, sans consulter Grouchy, l'amiral, à coups de canon, donna l'ordre d'appareiller en coupant les câbles. Ce seul ordre fut exécuté sans retard, et la flotte se perdit dans l'ouest, où ont

---

[1]. Lettre de Moreau de Jonès, quartier-maître sur la corvette *la Cocarde* (*Moniteur*, an V, n° 112). Plusieurs jours s'écoulèrent en manœuvres dont la nécessité n'a pas été bien démontrée; on perdit un temps précieux. — Jomini, *Guerres de la République*, t. IX, p. 251. — Chérin, énumérant les causes de l'insuccès, mentionne « les lenteurs que parut apporter le contre-amiral Bouvet à faire mouiller dans la baie de Bantry les bâtiments qui se trouvaient sous ses ordres, ne leur ayant fait aucun signal à cet égard ».

successivement disparu la *Fraternité* qui porte Hoche, le vaisseau anglais qui la poursuit, Nielly et l'arrière-garde, Richery et l'escadre légère, et où disparaissent tour à tour, plus ou moins tardivement, selon l'esprit des capitaines, l'*Indomptable*, le *Watigny*, l'*Éole*, le *Cassard*, le *Patriote*, la *Constitution* et dix frégates; où disparurent enfin, après être venus le 7 nivôse dans la baie, après avoir attendu, après avoir délibéré, le *Nestor*, le *Redoutable*, le *Tourville*, le *Fougueux*, la *Cocarde*, la *Romaine*, la *Sirène*, la *Fidèle* et le *Renard*.

Pas une barque ne resta dans Bantry. Le 8 et le 9 nivôse, le calme revint : des vents favorables soufflèrent vers la baie désertée. Bouvet n'en était qu'à vingt lieues : il ne songea pas à y revenir. Grouchy le demande, Bouvet refuse. Il court vers Brest, tandis que, en revenant sur ses pas, il eût rallié l'*Indomptable* et d'autres bâtiments qui étaient allés le chercher à l'embouchure du Shannon. Non, s'écria Grouchy, cette marine n'est pas française [1]! Et pendant tout ce

1. Lettre au ministre Petiet. La conduite du général de Grouchy a donné lieu à de très vives attaques. Elles

mois pas une frégate anglaise ne s'approcha de Bantry.

Sauf deux embarcations, toute la flotte a abordé cette inabordable Irlande, et, sans avoir rien fait, ni jeté un bataillon sur la côte, ni averti nos alliés, tous naviguent vers la France, où chaque jour en aborde un nouveau. Ce ne sont alors qu'ineptes plaisanteries ou que misérables récriminations. Jonas-Hoche a été avalé par une baleine; la flotte a été vendue à l'Angleterre; l'expédition des Indes est seule possible. Le 13 janvier 1797 (24 nivôse an V) tous ont reparu, sauf les *Droits de l'homme* et la *Fraternité*.

---

ont été victorieusement combattues par M. le marquis de Grouchy dans une brochure très intéressante, pleine de documents inédits ou peu connus : *le Général de Grouchy et l'Irlande en 1796*. Paris, Frederic Henry, 1866. L'auteur démontre que les accusations portées contre le général de Grouchy ne peuvent s'adresser qu'à Bouvet. Nous sommes sur ce point tout à fait d'accord avec l'auteur; mais où nous différons d'avis avec lui, c'est sur le degré de précision et d'étendue des instructions laissées par Hoche au général de Grouchy. La lettre du 8 pluviôse an V, dont il n'est point fait mention dans la brochure, et que nous publions pour la première fois, nous paraît trancher le différend et prouver que Hoche n'avait rien omis de ce qu'il était nécessaire de communiquer à son remplaçant éventuel.

Le vaisseau les *Droits de l'homme*, commandé par Lacrosse, avait rencontré, à quelques lieues des côtes de France, deux vaisseaux anglais. Il leur livra deux combats, tenta deux fois l'abordage, mit en si mauvais état un de ses deux ennemis, l'*Amazone,* qu'il coula bientôt après, et enfin menacé lui-même de naufrage, n'ayant plus d'ancres, de voiles ni de mâts, envahi par l'eau, il s'échoua sur un banc de sable dans la baie d'Audierne, sauvant les troupes qu'il portait et montrant aux Anglais ce qu'ils devaient attendre des marins de la République.

Dans ces périls, l'armée de Hoche, tant critiquée, montra ce qu'elle contenait de dévouement. Quelques centaines de soldats, au moment du naufrage des *Droits de l'homme,* étaient accrochés à des rochers ou à des épaves et attendaient des secours ou la mort. Un d'eux, le Périgourdin Alary [1], tenta de gagner à la nage la côte, distante de plus d'une lieue. Il y parvint, ramena des bateaux et sauva ses camarades.

1. Né à Mussidan (Dordogne). On a donné son nom à une rue de Périgueux.

Le 9 nivôse, quand soufflait le vent favorable dont Bouvet ne voulut pas profiter, la *Fraternité*, revenue de ses longues courses, côtoyait la côte d'Irlande. Hoche, anxieux, n'aperçut que deux vaisseaux à l'horizon, et peut-être put-il entrevoir ou deviner sur les côtes des Irlandais observant la mer. Les deux vaisseaux sont le *Scévola* et la *Révolution* : le premier sombre, l'autre recueille l'équipage et les naufragés. La *Fraternité* l'aide à sauver les derniers hommes et le *Scévola* disparaît sous les eaux.

Hoche apprit alors le départ de la flotte. Malgré cette nouvelle, malgré sa propre défiance, il tend vers la baie et amène la *Révolution* avec lui. Le vent l'en éloigne, le brouillard reparaît, les vivres manquent, la *Révolution* menace de couler comme le *Scévola*. Il faut maintenant échapper à la faim, sauver tant de marins et de soldats et ne pas compter sur le retour des fugitifs. Le vent souffle vers Brest. Hoche revient désespéré. Tantôt avec le calme, tantôt avec l'ouragan, parfois, dit un officier d'ordonnance, avec un petit zéphyr dont on remercie ceux qui protègent les gens de bien, toujours avec la faim, le désespoir et le danger, se poursuit cette triste odyssée. Enfin la côte de France apparaît. Mais la croisière anglaise est entre la côte et la frégate. Plus heureuse que les *Droits de l'homme*, la *Fraternité*, après s'être vue au milieu de la flotte ennemie, lui échappe, grâce à une tempête qui sauve la pauvre frégate en la désemparant.

Le 22 nivôse (3 février), la *Fraternité*, ne gouvernant plus, arrive à l'île de Ré : Hoche et quelques personnes se jettent dans un canot qui échoue sur un banc de sable. Le devoué Shée était là ; mais, malade, paralysé par les fatigues de la traversée, il ne pouvait suivre ses compagnons. Comme Énée emportait son père, Hoche prit sur ses épaules le malheureux Irlandais et le déposa sur la terre de France.

Hoche voulait recommencer l'entreprise ; mais, nommé général en chef de l'armée de Sambre-et-Meuse, il gagna les bords du Rhin avec ses vaillants compagnons, emportant au cœur l'ardent désir de délivrer l'Irlande et de vaincre l'Angleterre.

Bouvet fut révoqué ; la réaction, qui blâmait

toutes les mesures prises par le Directoire, tous les plans conçus par Hoche, se mit à s'apitoyer bruyamment sur le sort de l'amiral et refit, en sa faveur, la légende du soldat victime du pouvoir civil. Villaret, élu au conseil des Cinq-Cents avec l'appui de Cadoudal, donna aussitôt le ton aux récriminations, en rappelant, dans un discours sur les destitutions militaires, « cet officier général, estimé de tout son corps, cassé sans aucun jugement après de longs services, et cela pour en imposer à l'opinion sur la folie d'une expédition que son zèle et ses talents eussent fait réussir, si elle eût été praticable [1] ». Le verbiage de Villaret, qui se défendait en défendant Bouvet, est resté jusqu'à ce jour la vérité pour la plupart des historiens. Et personne n'a dit encore qu'il n'y eut là qu'un abandon plus funeste aux soldats et à la marine qu'une attaque même malheureuse; tant il est vrai que toute capitulation ou faiblesse de même nature fait plus de victimes qu'une tentative hardie ou une résistance désespérée !

1. *Moniteur*, an V, n° 333.

XIII

LA TERREUR EN IRLANDE

La *Fraternité* disparut, et avec elle s'évanouit pour jamais cette belle et lumineuse vision, dont le souvenir, en dépit des froids sarcasmes, vivra dans nos cœurs irlandais, pur, brillant et céleste, telle qu'elle apparut pour la première fois, au-dessus de toi, ô trop malheureuse Érin [1].

Comme le poète national de l'Irlande, les contemporains furent frappés du sombre silence, de la consternation du pauvre peuple réuni dans les différentes chapelles, le jour de Noël et les

---

1. Thomas Moore, *Chant national* (*Mélodies irlandaises*).

dimanches suivants, en apprenant que les Français n'avaient pas débarqué, et que la flotte était repartie [1].

L'Angleterre, affolée par ce danger imprévu, obligée d'avouer que, malgré la ceinture d'argent et malgré les espions, l'île inabordable avait été abordée sans qu'on fût averti; obligée de constater qu'il n'y avait dans l'île explosible et dans ses ports ni troupes ni vaisseaux, entra dans le paroxysme de la rage. Pitt d'abord fut menacé (car toute difficulté provoque une crise ministérielle), et les Irlandais plus menacés encore. Les écraser resta pour le ministre le seul moyen de regagner la faveur. Aussitôt une flotte formidable partit sous les ordres de lord Bridport; et, dans la précipitation des préparatifs, deux vaisseaux s'abordèrent et périrent. Quand l'amiral atteignit l'Irlande, les Français étaient repartis. Ce n'était donc pas au ministère qu'on devait le salut de l'île. Grattan, toujours attaché à l'Angleterre, accusa Pitt d'incurie scandaleuse, et Pitt reconnut

[1]. Miles Byrne, *Mémoires d'un exilé irlandais*.

que la conservation de l'Irlande était due « à la seule intervention de la Providence ».

A partir de ce jour, Irlandais et Anglais, et Pitt lui-même, qu'on accusa, dès cette époque, de méditer l'assassinat de Hoche, voyaient sans cesse le jeune général s'avancer sur la mer! Le 8 janvier, le bruit d'un débarquement à Loug Swill se répandit et causa à Londres une panique générale. L'apparition du moindre corsaire français, et jamais ils ne furent ni plus nombreux ni plus audacieux, jetait sur la côte anglaise un affolement qui courait jusqu'à Londres et agitait tout le royaume. Enfin des descentes moins imaginaires se préparaient, réussissaient, comme nous le verrons, et infligeaient au patriotisme anglais les incessantes et terribles appréhensions que le gouvernement anglais, jetant des troupes en Vendée et en Bretagne, à Avranches, à Quiberon, à l'île d'Yeu, avait imposées à la France et au Comité de Salut public.

Ces circonstances avaient inspiré au Directoire et à Hoche l'ardent désir de pacifier la Vendée; les mêmes circonstances inspirèrent à l'Angleterre une soif de répression. Cependant, si l'on compare, comme cela est admissible, l'affaire de Quiberon à celle de Bantry, on voit que la France eut de bien plus sérieux motifs de colère et de vengeance que l'Angleterre. A Quiberon, le débarquement eut lieu; les chouans, en violation des traités de la Mabylais et de la Jaunaie, le favorisèrent. Charette, malgré les traités, reprit les armes et fusilla les prisonniers patriotes; une escadre anglaise et un corps de débarquement commandé par le comte d'Artois restèrent plusieurs mois à l'île d'Yeu; l'insurrection recommença dans toute la Bretagne. A Bantry au contraire, les Irlandais ne parurent même pas sur la côte pour favoriser notre arrivée; ils ne tentèrent pas de délivrer, chose si facile, quinze cents Français prisonniers internés à Kingsale; enfin la flotte disparut sans laisser même une promesse, et le désespoir gagna l'Irlande, où se calmèrent aussitôt les rares soulèvements qui s'étaient produits isolément.

Jamais donc meilleure occasion ne s'offrit au ministère d'adopter une politique généreuse, d'imiter la France en Vendée. Tout faisait à Pitt un devoir de l'essayer : et le désespoir des Irlandais-Unis, qui pouvait aussi bien les amener à se soumettre qu'à essayer un suprême effort, et le loyal attachement de Grattan et de ses amis, et les sages conseils de Cornwallis, et le succès même de la pacification de la Vendée. Mais cette haute politique exigeait des réformes : l'Angleterre préféra toujours la *coercition*.

Le 16 janvier, huit jours après l'échec des Français, le Parlement irlandais étant réuni, le ministère lui soumit la plus grave question, celle du régime à employer en irlande. Tout le calme, toute l'intelligence des députés étaient nécessaires, et on était en pleine panique; la présence de tous les députés était nécessaire, et, sur 295 membres, 40 se rendirent à la séance! Ce fantôme de Parlement, dont les Irlandais-Unis demandaient avec tant de raison la régénération, décida du sort de l'île.

Cette majorité, qui se réduisait à trente-trois membres, car l'opposition légale dont Grattan était le chef en comptait sept, osa aborder ce problème de la vie ou de la mort de milliers d'Irlandais. Grattan les supplia en vain, députés et représentants du ministère, de conserver le régime civil, de ne pas noyer l'Irlande dans le sang, de renoncer au projet; il fut voté. Aussitôt Grattan, accompagné des sept opposants, se retira du Parlement, également indigné de ne voir dans les députés irlandais que des défenseurs de l'Angleterre, et dans ses amis que des alliés de la France; il se retirait pour se lamenter sur cette lutte pour ou contre les réformes qui aboutissait tantôt à l'émeute et tantôt à la tyrannie, pour finir par la guerre civile.

Honnête figure de penseur politique, semblable à celle de lord Falkland ou du comte Sczecheney! Ayant consacré leur vie à rapprocher des partis ou des empires divisés par la religion, la politique ou la race, quand ces moralistes en action virent leur rêve de conciliation échouer dans la guerre civile, ils cherchèrent la paix et la mort. Falkland, au début de la guerre entre Charles Ier et le Parlement, se fait tuer dans la première rencontre. Sczecheney, désespérant d'unir l'Autriche et la Hongrie, devient fou et se tue. Grattan survécut à la guerre et rentra au Parlement, en 1803, pour défendre les vaincus : pour empêcher que, par l'Acte d'Union, on n'achevât de tuer l'Irlande, pour avertir l'Anglais que l'Irlande vivait encore et vivrait toujours. C'est alors qu'il appliqua à l'île malheureuse les vers mélancoliques de Shakspeare sur Juliette mourante : « Elle n'est pas morte, elle n'est qu'évanouie, disait-il; elle a beau être couchée dans la tombe, sans mouvement et sans forces, je vois le souffle de la vie errer sur ses lèvres; l'éclat de la beauté brille sur ses joues. »

Qu'il eût plus fait pour sa patrie ce doux rhéteur, si, au lieu de réserver ses larmes pour les vaincus et ses leçons aux vainqueurs, il eût hautement pris parti contre ce parlement vendu qu'il devait finir par combattre, et pour les révolutionnaires auxquels il donna trop tard l'appui de sa haute probité! Que n'entendait-il la voix de l'Irlande dans cette ballade populaire : « Éveillez-vous, Irlandais, de votre léthargie; voyez le moment précis arrivé d'humilier des tyrans orgueilleux. Nos frères français sont là [1]. » Là seulement était le salut de l'Irlande ; car tout ce qu'on a tenté depuis l'a laissée aussi désolée, aussi meurtrie qu'en cette sombre époque.

L'année 1797 est toute à la vengeance et à la provocation. L'autorité militaire est sans limites, et cette autorité est confiée à un vice-roi et à un général que seule la plus rapide sévérité satisfait. Ces deux chefs ont sous leurs ordres une armée flétrie en ces termes, dans une proclamation du général Abercromby, qui la quitta bientôt avec dégoût : « L'armée est livrée à une licence qui la rend formidable à tous, excepté à l'ennemi [2] ».

On pille, on torture, on viole, on tue; les soldats s'installent chez les habitants; ceux-ci, pris entre la mort ou la trahison, sont mutins ou dénonciateurs. Les Fencibles, régiments organisés par les Orangistes, ajoutent aux violences

---

1. Rouse hiberniam from your Slunber!
   See the moment just arrived
   Imperious tyrants for to humble :
   Our French brethren are at hand.
2. Proclamation du 26 février 1798.

de la soldatesque les vengeances qu'inspirent les haines politiques et les rancunes personnelles. La tyrannie la plus absurde pèse sur l'Irlande. « J'ai vu, dit lord Moira à la chambre des lords d'Angleterre, des troupes envoyées avec des ordres qui devaient leur persuader que chaque habitant du royaume était un rebelle. On a insulté, sans avoir reçu aucune provocation, des personnes de tout rang et de tout état. Des contrées où il n'y avait pas la moindre apparence de troubles sont devenues le théâtre des plus cruelles vexations; quelquefois vous apprenez que trente maisons ont été réduites en cendres dans la même nuit. La prudence m'impose de couvrir d'un voile épais des attentats encore plus odieux; je suis prêt à les attester en présence du conseil privé ou à la barre de la chambre. »

Voilà ce qu'autorisaient les ministres sensibles qui s'étaient tant apitoyés sur le sort de la Bretagne et de la Vendée, au moment même où Hoche rétablissait la discipline, persuadé comme Abercromby qu'une armée indisciplinée n'est pas la sauvegarde, mais le fléau du pays qu'elle occupe[1]; au moment où le jeune pacificateur s'opposait à toute répression par la garde nationale afin d'éviter les vengeances particulières; au moment enfin où, employant comme les Anglais le désarmement, il arrivait, par la justice et la tolérance, à pacifier une contrée qui, sans en avoir les mêmes raisons, détestait la Révolution autant que l'Irlande détestait l'Angleterre.

En face de ces haines inexpiables, les Irlandais-Unis resserrent les liens de la société : ils épurent le Directoire secret, où des hommes faibles restaient encore, et décident de préparer une insurrection générale et de redemander des secours à la France. Ils contiennent les impatients afin d'empêcher toute explosion isolée ou prématurée. A défaut de journaux, dont la publication est impossible, ils répandent secrètement, jusque dans les derniers villages, des avis manuscrits; ils recommandent et observent la tempérance [2].

---

1. Proclamation de Hoche.
2. M. John Brigth disait récemment que les représentants actuels de l'Irlande ne recommandent jamais aux Irlandais la tempérance et le travail, qui diminueraient les maux du pays. Si l'accusation est méritée, les chefs

Edward Lewens, délégué par le Comité national, était déjà à Paris; il demandait des secours et essayait de contracter un emprunt. Mac Névin le rejoignit [1], afin de hâter l'arrivée des troupes françaises, car le Directoire secret d'Irlande craignait toujours une explosion prochaine, tant la pauvre Irlande était malheureuse et désespérée. Wolf Tone, Napper Tandy, les autres proscrits sont là; ils savent que le Directoire de la République française n'a pas renoncé à l'expédition et que Hoche désire la commander; mais ils pensent avec raison qu'il est préférable de ne pas tenter de soulèvement avant qu'une armée importante soit débarquée, ce qui sera bientôt

---

actuels ont assurément tort; mais ils peuvent alléguer que, lorsque ces conseils furent donnés et suivis, ils n'eurent aucun bon effet, parce que la tyrannie anglaise ne cessa de s'appesantir davantage sur le pays. La tempérance des opprimés ne suffit pas, il faut, de la part des maîtres, une politique de conciliation pratiquée par les Fitz-William, les Abercrombry, les Cornwallis, politique réclamée de nos jours par M. Gladstone. Il faut outre cela que l'aristocratique Angleterre fasse la plupart des réformes que Hoche et notre Révolution apportaient à l'Irlande.

1. Mai et juin 1797. Voir Miles Byrnes, *Mémoires d'un exilé irlandais*, t. II. *Esquisses biographiques*.

réalisable, grâce aux alliances que conclut le Directoire et à la paix prochaine avec l'Autriche.

Toute tentative partielle en effet ne pouvait que nous affaiblir, compromettre les Irlandais et éclairer l'Angleterre. On y renonça; des émissaires se répandirent partout, recommandant la patience. Mais au moment même où l'on prenait cette prudente détermination, une attaque avait lieu.

L'Angleterre était toute à la joie : l'amiral Jervis avait battu la flotte espagnole, au cap Saint-Vincent, et Nelson bloquait, à Cadix, ce qui en restait. On recommençait à rire des projets du Directoire, quand deux frégates [1] jetèrent la seconde Légion des Francs (4 nivôse an V) dans la baie de Cardigan, à Fishguard (comté de Pembrok). Après une faible résistance, les douze cents envahisseurs furent pris et enfermés au château de Porchester. Ils tentent de s'évader, sont surpris, se révoltent, et dans les cours de la prison supportent une fusillade, en chantant des chan-

---

1. La *Résistance* et la *Constance*; elles furent prises au retour.

sons républicaines. Il y avait là quelques compagnies de ligne et beaucoup de chouans dont Hoche voulait débarrasser la Vendée et la Bretagne. Ceux-ci furent renvoyés en France, les autres amenés en Angleterre, interrogés et montrés au public. Parmi eux se trouvait le vieux proscrit à barbe blanche, Tale, qui semblait le fantôme de l'Irlande.

Ce n'était là qu'une attaque isolée de troupes en retard, une tentative sans but qu'on n'avait pu arrêter à temps. L'alarme cependant fut générale à Londres, on se porta en masse à la banque, pour y échanger les billets contre du numéraire, et le crédit public en fut momentanément ébranlé. « On recommença à ne plus regarder comme chimériques les projets de descente [1]. » Que serait-ce quand les menaces des prisonniers se réaliseraient? quand apparaîtrait la flotte formidable qui, disaient-ils, attaquerait la côte est de l'Angleterre, pendant que Hoche envahirait l'Irlande, et pendant — car cela pouvait être

---

1. Jomini, *Guerres de la Révolution*, t. X, page 201.

supposé — qu'une nouvelle et plus importante descente se produirait à Fisghuard, sans doute avec la même facilité.

Malgré son isolement, malgré ses flottes, l'Angleterre ne se croyait plus inviolable, puisque, de l'aveu de Pitt, elle n'avait échappé à l'invasion que par l'intervention de la Providence.

XIV

MORT DE HOCHE

La France, qui venait de conclure un traité d'alliance avec la Hollande[1], un autre avec l'Espagne[2], songea à utiliser leurs marines contre l'Angleterre. Ces deux puissances, dont les intérêts étaient plus que jamais opposés à ceux de notre ennemi, possédaient encore deux flottes nombreuses, et dont une surtout, la Hollandaise, se montra à la hauteur de la bravoure ancienne. La première était à Carthagène, la seconde à l'entrée du Texel. Aussitôt qu'il fut assuré de leur concours, Truguet activa de

1. 10 mai 1795.
2. 22 juillet 1795.

nouveau les armements dans nos ports et réunit une flotte à Brest. Dès son retour, Hoche avait demandé au Directoire et le ministre de la marine avait ordonné de nouveaux et plus rapides préparatifs. Les marins s'y appliquèrent avec empressement, convaincus par l'expérience de Bantry que le succès était possible; dix vaisseaux furent réunis à Brest où l'on envoya la flotte de Toulon.

Ce n'était donc que la dernière main qu'il fallait mettre à une expédition devenue maintenant populaire. La paix avec l'Autriche étant assurée, il ne nous restait plus que l'Angleterre à combattre. Mais il fallait la vaincre sous peine de la voir renouer la coalition, payer ses armées, menacer encore la France. Les flottes combinées d'Espagne, de Hollande et de France devaient jeter soixante-dix mille hommes en Angleterre. En attendant on envoyait en Irlande des armes et des munitions.

L'Angleterre, préoccupée, effrayée, comme on l'a vu, lança trois flottes en mer : celle de Jervis, où était Nelson, surveilla la flotte espagnole, celle de Duncan la flotte batave, celle de Bridport la flotte française. Le but était d'empêcher la réunion des alliés dans la Manche. L'amiral espagnol alla au-devant de la flotte anglaise et se fit battre à la hauteur du cap Saint-Vincent (14 février 1797). C'était pour la France un premier échec; mais les circonstances, si l'on savait les saisir, allaient permettre de le réparer, en favorisant et la réunion des deux autres flottes alliées, la hollandaise et la française, et l'approche de l'Irlande. Du mois d'avril au mois de juin 1797, la marine anglaise fut impuissante; les escadres de Bridport et de Duncan se révoltèrent; pendant deux mois la mer fut libre. Occasion perdue! ni les Hollandais ni les Français n'étaient prêts, et Hoche était au fond de l'Allemagne, à la tête de l'armée de Sambre-et-Meuse. Il pensait toujours à recommencer la glorieuse tentative. « Je reviendrai de Vienne pour aller à Dublin, » disait-il. Dès que la signature des préliminaires de Léoben (17 avril 1797, 29 germinal an V), que Hoche apprit le 4 floréal (23 avril), permit de reprendre le cher projet, Hoche prépara sa revanche. Il y songeait; il en étudiait les moyens, ayant auprès de lui le vaillant Wolf Tone, qui, en attendant notre aide, combattait dans les rangs français. Après avoir pourvu aux subsistances de l'armée et à l'administration des pays occupés, Hoche, d'accord avec le Directoire et sur l'ordre de Truguet [1], se rendit en Hollande. L'escadre du Texel, prête depuis longtemps, allait embarquer 15 000 Hollandais et 6000 Français pris dans l'armée de Hollande ou dans celle de Sambre-et-Meuse. Le Directoire, en signalant l'utilité de choisir la légion des Francs, laissait Hoche « maître de choisir et d'organiser le corps français et l'autorisait à correspondre directement avec Daendels pour cette opération, ainsi que pour tout ce qui se rapportait à l'embarquement, à la descente et au genre de guerre qu'il paraîtra le plus avantageux de faire en pays ennemi [2] ».

---

1. Le ministre de la marine au g. Hoche, 3 messidor an V. — Pièce secrète. Arch. nat. *Inédite.*
2. 3 messidor. Pièce secrète. etc.

Du 8 au 15 messidor, Hoche visita incognito la flotte du Texel, et vit embarquer de belles troupes sur de belles flottes[1]. A la Haye, à Utrecht il confère avec le comité batave des relations extérieures, avec les deux chefs : l'amiral de Winter et le général Daendels. Il fut convenu entre eux que la flotte hollandaise gagnerait l'Irlande, après avoir doublé l'Écosse, et, comme le trajet est long, que l'amiral partirait aussitôt qu'il pourrait tromper la croisière anglaise [2]. Les Français, en partant plus tard, se trouveraient encore assez tôt au rendez-vous.

A Brest, Truguet se hâte également : sur vingt-six vaisseaux en armement, douze vont être entièrement équipés, ainsi qu'un certain nombre de frégates qui porteront six mille hommes de troupes de débarquement et résisteront au besoin à l'ennemi stationné à l'ouvert de la Manche. Comme toujours, Truguet se plaint de l'esprit de la marine et du retard apporté à

---

1. Desprez, *Lazare Hoche d'après sa correspondance.*
2. *Moniteur* du 8 messidor an V.

l'envoi des fonds promis et annoncés. Hoche comptait donc partir sans retard de Brest et se trouver aussitôt que les Hollandais en Irlande[1]. Il les quitta en leur donnant un rendez-vous prochain et en les encourageant à profiter des

---

[1]. « Tandis que l'escadre batave, écrit Truguet, exécutera ces dispositions et se portera dans le nord de la France..... je vais compléter l'armement à Brest de 12 vaisseaux et quelques frégates. Ces bâtiments, qui seront commandés par des officiers d'un talent et d'un courage éprouvés, pourront recevoir six à huit mille hommes de troupes et se porter dans le sud ou dans l'ouest de l'Irlande, suivant la position des insurgés et les circonstances de la navigation. »
Truguet ajoute que le Directoire charge Hoche de l'expédition et termine ainsi :
« *En même temps que vous prendrez les mesures convenables pour faire filer ces troupes destinées à la Hollande et que vous conviendrez de tous ces faits avec le général Daendels, il sera nécessaire que vous veuillez bien vous occuper, dès ce moment, de réunir à Brest, ou dans les environs, le corps destiné à vous accompagner, afin que tous les éléments de l'expédition soient préparés et réunis à la même époque.* (Ces lignes sont soulignées dans l'original, on verra bientôt pourquoi.) L'intention du Directoire est que vous vous rendiez ensuite à Paris, pour recevoir vos instructions et prendre, de vive voix, tous les documents et les détails circonstanciés qu'un plan de cette nature exige et auquel les circonstances apportent, tous les jours, quelques modifications. Le Directoire vous adressera, par les premiers courriers, l'ordre de remettre avant votre départ le commandement de vos troupes au général Moreau. En attendant, je vais prendre des mesures pour faire porter, le plus tôt possible, de la poudre et des fusils en Irlande. J'attends,

dernières convulsions de la révolte de la flotte anglaise. Hoche revint à Cologne, d'où il dirigea sur Brest les troupes qu'il destinait à être embarquées : la première légion des Francs d'abord, commandée par Humbert, les chasseurs sous les

pour indiquer au bâtiment le lieu où il devra se rendre, que vous ayez répondu à la lettre du Directoire, du 21 prairial, d'après les notions que vous aurez recueillies de l'étranger qui est actuellement près de vous.

« Tel est, citoyen général, le plan d'opérations que le Directoire exécutif a arrêté et dont il m'a chargé de vous donner connaissance. Je vais en transmettre les détails au *Comité secret des relations extérieures,* à La Haye, ainsi qu'aux généraux Daendels et de Winter. Je connais trop votre courage et votre dévouement à la République pour n'être pas certain que vous vous empresserez d'en accélérer l'exécution, et qu'en saisissant cette occasion d'acquérir de la gloire et de servir la liberté, vous n'obteniez de nouveaux droits à l'estime du Directoire et à la reconnaissance publique. »

(Bureau particulier du ministre. Pièce secrète. Paris. 3 messidor an V de la Rép. Le ministre de la marine et des colonies au général en chef Hoche.)

Cette lettre, d'une importance capitale, est aux archives nationales, AF^{III} $\frac{2671\text{-}2682}{463}$, dossier 2674. C'est une copie envoyée, le 3 thermidor an V, au Directoire, au moment du passage des troupes, et les parties soulignées expliquent le passage des troupes dans les environs de Paris. — Dans la lettre d'envoi Truguet dit ceci : « Nos ennemis intérieurs qui correspondent si habilement avec ceux du dehors doivent se féliciter d'avoir, sous de frivoles prétextes, fait avorter une expédition importante. »

ordres de Richepanse et l'infanterie sous les ordres de Lemoine; en tout moins de dix mille hommes. Ensuite lui-même partit pour Paris, où il arriva le 30 messidor an V.

Hoche a raconté cette délicate négociation dans la lettre suivante, qui jette un jour décisif sur les événements si confus de cette époque [1] :

« Le général commandant en chef l'armée de Sambre-et-Meuse au ministre de la marine.

« Citoyen ministre,

« Je n'ai reçu qu'à mon retour de La Haye votre lettre du 3 de ce mois et celle du Directoire. Je connaissais à peine vos intentions en allant en Hollande, aussi me suis-je peut-être un peu précipité.

« J'avais envie de remettre, à mon arrivée à Paris, à vous donner des détails sur ce que j'ai fait et vu ; je ne crois pas pourtant devoir me dispenser de vous écrire.

---

1. Coblentz, le 19 messidor an V. — Archives nationales, AF^{III} $\frac{2671-2682}{463}$, dossier 2674. *Inédite*.

« Il m'a semblé que les Hollandais étaient fort désireux de faire seuls l'expédition dont je suis de nouveau chargé. Leurs motifs sont sans doute de tirer leur nation de l'état d'abjection dans lequel l'Europe la croit, et, sous ce rapport, je les loue. Les intérêts de la République française ne peuvent après tout être compromis. J'ai vu d'abord le général Dejean, officier français de beaucoup de mérite, et qui m'a mis au courant de ce que je voulais savoir. Il m'a beaucoup servi, ainsi qu'il me l'avait annoncé. Les Hollandais m'ont affirmé ne pas pouvoir fournir un seul bâtiment de transport pour les troupes françaises avant six semaines, et vous savez qu'ils n'en veulent pas prendre à bord de leur flotte.

« Après avoir beaucoup demandé qu'on embarque six mille hommes de nos troupes et neuf mille Bataves, je me suis désisté, m'apercevant que, si je continuais, le zèle des faiseurs du Comité de l'Union serait bientôt refroidi [1], que

---

[1]. Dans une autre lettre au général Dupont, Hoche dit à la même date : « Je compte beaucoup sur Daendels, qui me paraît très entreprenant. J'ai craint de le dégoûter,

Daendels n'irait plus que d'une aile et enfin que le projet échouerait. J'avais à considérer l'arrivée de Malmesbury en France, et l'ouverture des paiements que la banque de *Londres* devait faire le 24 juin (et qui vient d'être ajournée indéfiniment). Je changeai alors de route et ne fis plus que les affermir dans la résolution où ils étaient de partir. Je les pressai verbalement et par lettres. Enfin, à l'heure où je vous écris, leurs troupes doivent être à bord, et ils n'attendent plus que le vent favorable. Ils m'ont paru ne pas craindre l'amiral Duncan, et, au surplus, ils regardent leurs soldats et matelots comme autants de héros. Ainsi soit-il!

« Je pars après-demain pour me rendre à Paris[1]. Les soins que je devais à l'armée y ont exigé ma présence jusqu'à ce jour. J'ai dû d'ailleurs faire partir des troupes; car vous deviez observer qu'il n'y a pas cinquante hommes de cavalerie en Bretagne et trois canonniers à cheval. J'ai pensé

---

et certes nous ne perdrons rien à l'encourager. » Inédite. Arch. nat.

1. « Je pars après-demain pour votre vilaine ville. » Lettre à Dupont. Inédite. Arch. nat.

aussi qu'afin de ne pas dégarnir le pays sur les mouvements duquel l'Angleterre fonde ses espérances les plus chères, il était à propos d'y faire filer quelques bataillons. Les ennemis des expéditions maritimes vont sans doute crier de ce que je dégarnis le Rhin; mais la paix est à peu près faite, et on ne doit pas consulter tout le monde en pareille matière. Votre projet n'est sûrement pas de nous abandonner lorsque nous aurons passé les mers; il faudra donc que de bonnes troupes soient là, prêtes à nous être envoyées.

« Je n'ai pas encore écrit à Moreau et je ne veux le faire qu'à la dernière extrémité. S'il était venu à cette armée avant mon départ, peut-être n'aurais-je pu emmener des troupes et des officiers auxquels je suis attaché, et surtout emporter cinq ou six cent mille livres que j'ai ramassées de tous côtés et avec beaucoup de peine. La trésorerie n'a pas un denier à nous offrir, et, sans argent, point d'expédition. Nous en ferons une; mais elle ne coûtera rien au trésor public, quant à ma partie au moins.

« Sur cette somme, mon cher ministre, je puis

vous offrir deux cent mille livres que je ferai payer à la personne que vous m'indiquerez. J'aurais désiré faire plus, mais impossible, malgré toutes les petites supercheries dont je me suis servi dans l'article contribution. Nous avons dû faire le prêt.

« Adieu, mon cher ministre; comptez sur mon entier dévouement.

« L. Hoche. »

A Paris se produisirent alors des événements presque oubliés, mais qui eurent sur l'expédition une influence décisive. Le souvenir qui en est resté est celui d'un semblant de tentative de coup d'État militaire, prémédité par le Directoire, que Hoche venait exécuter et que l'étourderie d'un sous-ordre aurait dévoilé trop tôt à la vigilance des conseils, qui l'empêchèrent. Tout ce qui est relatif à la descente en Irlande, les historiens l'ont négligé ou l'ont ignoré. Nous avons voulu le mettre en lumière, car rien n'est plus important pour l'histoire du Directoire ni pour la gloire du général Hoche.

L'opinion publique était partagée entre les républicains qui s'affaiblissaient et les royalistes devenus forts et menaçants; et tandis que les indécis et les indifférents s'éloignaient des premiers, les seconds appelaient les chouans, les Verdets et les émigrés pour les incorporer dans une garde nationale royaliste dont les Conseils préparaient le rétablissement. Dans le Directoire, Rewbel et Réveillère tenaient pour les révolutionnaires, Barthélemy pour les royalistes; Carnot, par un sophisme de conciliation, était avec Barthélemy. Entre ses collègues, Barras, l'éternel problème de ce temps, hésitait. Le dissentiment inévitable éclata à propos des ministres dont les Conseils réclamaient, à l'amiable, le changement, la responsabilité devant le parlement n'existant pas alors. Les Directeurs, dans une séance passionnée, votèrent sur le maintien ou le renvoi de chaque ministre; ceux que les conseils souhaitaient maintenir furent renvoyés, les autres conservés. Barras avait voté avec Rewbel et La Réveillère. Une majorité s'était ainsi formée dans le Directoire, contre la majorité royaliste des Conseils (30 messidor).

Le ministre de la police Cochon, qui favorisait les préparatifs de coup d'État des royalistes [1], fut renvoyé; Petiet, ministre de la guerre, qui plaisait aux conseils, le fut également; enfin Truguet, pour je ne sais quelle cause. Hoche fut nommé ministre de la guerre. Il n'avait point l'âge prescrit par la constitution, trente ans; cette nomination était donc nulle; mais la nouvelle seule qu'elle avait été faite devait produire, sur l'opinion publique surexcitée, un effet moral que recherchaient les trois Directeurs. Ils indiquaient ainsi à la majorité de l'armée que ce n'était plus Carnot qui avait l'influence, qui dirigeait seul l'administration, et qu'au contraire une majorité républicaine s'était constituée, avec laquelle il fallait compter. Carnot ne repoussant

---

1. « Les émigrés arrivent avec moins d'éclat à Paris. Ils attendent que Cochon, toujours conseillé heureusement par M. de V., intime ami de Suard, leur laisse, un de ces jours, accomplir le grand œuvre de la contre-révolution. » *Journal de France et d'Angleterre*, n° du 24 juillet 1797, t. III, p. 187; ce journal était rédigé à Londres par M. de Montlosier, ancien constituant, émigré.

pas l'organisation de la garde nationale, qui eut été l'enrôlement par la main de Pichegru des sectionnaires de vendémiaire, les trois directeurs avertissaient l'opinion que la force armée s'opposerait aux tentatives royalistes. La nommination de Hoche alarma donc rapidement les royalistes qui conspiraient.

Ce même jour, on apprenait qu'une partie des troupes de Sambre-et-Meuse, les chasseurs de Richepanse, était en marche vers Paris, et qu'ils arriveraient les 10, 11 et 12 thermidor à la Ferté-Alais. La Ferté-Alais, située à dix ou douze lieues de Paris, était comprise dans ce que l'on appelait le rayon constitutionnel qu'aucune troupe ne devait franchir sans l'autorisation du corps législatif. Non seulement les conseils, disait-on, n'ont pas donné l'autorisation nécessaire, mais ils ignorent la destination de ces troupes.

Paris apprit donc en même temps la nomination de Hoche et l'approche des troupes : deux violations de la constitution. On en conclut que le coup d'État depuis longtemps imminent était décidé; que le Directoire frapperait le premier.

Paris et les conseils se remplirent de rumeurs, de prophéties, d'espérances et de menaces.

Quant à l'expédition d'Irlande, au milieu des passions déchaînées, il n'en fut pas question : la plupart ignorant les préparatifs tenus secrets, les autres ne songeant qu'à leurs espérances ou à leurs craintes. Le renvoi du ministre Truguet, avec qui Hoche avait réglé la marche des troupes, compliquait encore cette situation si confuse. Enfin le départ des troupes et leur passage dans les villes avaient éveillé les préoccupations politiques habituellement endormies dans l'armée de Sambre-et-Meuse; et les suppositions et les passions des soldats suscitaient dans le public de nouvelles suppositions et de nouveaux commentaires qui arrivèrent bien vite à Paris, avec toutes les fausses nouvelles que les oisifs et les alarmés inventent.

Le conseil des Cinq-Cents, en majorité royaliste depuis le renouvellement de l'an V, était mené par les anciens généraux Pichegru et Willot, ennemis personnels de Hoche. Delahaye, un des membres les plus ardents du club de Clichy, dénonça la marche des troupes. Le lendemain un groupe de la majorité se rendit chez Carnot, alors président du Directoire, et l'interrogea. Carnot, oubliant et la lettre de Hoche et les ordres du Directoire transmis par Truguet, répond qu'il ignore le mouvement des troupes, qu'elles sont probablement dirigées sur Brest par le général Hoche, « et engage les députés à ne pas faire d'éclat avant que la chose soit éclaircie [1] ».

Carnot attendait-il pareille modération d'intraitables adversaires ayant la tribune à leur disposition? ou ceux-ci, effrayés, avaient-ils eu recours pour écarter le danger à leur ruse habituelle : parler d'accord quand ils sont faibles? Quoi qu'il en soit, enhardis par l'attitude de Carnot, ils firent grand bruit.

La violation du rayon constitutionnel fut à chaque séance dénoncée à la tribune. A ce fait,

---

1. *Mémoires sur Carnot par son fils*, t. II, p. 118 et 119. Sur ce point les mémoires appellent des rectifications. Il en est de même de la *Réponse de L. N. M. Carnot au rapport de Bailleul* du 8 floréal an VI et du *Mémoire de Carnot,* Hambourg, 1799.

qui prête cependant à discussion, car la distance est contestée, on ajoute, ce qui est faux, que vingt mille hommes entourent Paris, que des distributions d'armes ont été faites à Chartres, et qu'il passe à Saint-Denis des canons, des munitions, des fusils; des nouvelles fausses, des dénonciations haineuses arrivent de partout grossies et dramatisées. On parle d'un 31 mai imminent, pour terminer les attaques réciproques des Conseils et du Directoire; tout est dans la confusion qui précède les coups d'État ou les guerres civiles. Le conseil des Cinq-Cents, mené par des conspirateurs, Pichegru, Willot, Villaret, envoie message sur message et demande des explications. La majorité du Directoire, qui venait de faire un coup d'éclat, voyant cet affolement des conspirateurs, puis entendant leurs menaces, ne se refusa pas le plaisir de leur faire peur. C'était en réalité à qui ferait peur à l'autre. « Ici le public et même les Conseils se sont montrés dignes d'être épouvantés par le Directoire [1]; et

---

[1]. Rœderer, *Journal d'économie politique*, numéro du 10 thermidor an V.

rien n'a manqué aux soins que chacun s'est donné pour s'effrayer lui-même. »

Hoche apparut alors, et ce calme vainqueur des chouans, se dressant au milieu des muscadins affolés, donna plus d'audace aux Directeurs, plus de frayeur aux royalistes. Lui pourtant ne pensait qu'à son expédition, comme le prouve cette lettre inédite et dont aucun historien ne semble avoir eu connaissance.

« Paris, 2 thermidor, cinquième année républicaine.

« Citoyens Directeurs,

« A peine arrivé dans cette ville où m'appelaient vos ordres, je suis informé que l'agitation la plus grande y règne, au sujet de l'arrivée de plusieurs colonnes parties (ajoute la calomnie) de l'armée de Sambre-et-Meuse, pour se porter sur la capitale.

« Les troupes que je commande sont assez connues par leur attachement à la République pour que jamais les bons citoyens n'aient à redouter aucune fausse démarche de leur part. Cependant il importe de faire connaître la vérité. La voici tout entière.

« Le 11 messidor, à mon retour de Hollande, où je m'étais transporté à l'effet de remplir une mission dont vous m'aviez chargé [1], je reçus, à Gueldre, l'ordre du ministre de la marine de prendre de nouveau le commandement d'une expédition projetée sur l'Irlande, de la préparer et de rassembler à cet effet, aux environs de Brest, le corps dont je croirais avoir besoin, c'est-à-dire huit à dix mille hommes. Sachant qu'il n'existe, dans l'ancienne Bretagne, que les troupes d'infanterie strictement nécessaires à la garde de ses côtes, qu'il n'y a *absolument* ni *cavalerie* ni *artillerie*, j'ai cru devoir tirer de l'armée de Sambre-et-Meuse, en conséquence de cet ordre, six mille hommes d'infanterie, deux mille chevaux et mille artilleurs. Avant mon départ de l'armée, je mis ces troupes en marche jusqu'aux frontières de la France, et j'ordonnai

1. Voir plus haut, lettre de Truguet, du 3 messidor an V.

aux généraux qui les commandent de prendre, à Liège, du commissaire des guerres de la place, les feuilles de route dont ont besoin les troupes pour recevoir leurs subsistances en traversant le territoire de la République.

« Remarquez, Citoyens Directeurs, que je n'ai point ordonné de passer par telle voie plutôt que par telle autre ; que le ministre de la guerre a dû être prévenu d'une partie du mouvement, et enfin que j'ai reçu du Directoire même la confirmation des ordres que m'avait transmis le ministre de la marine.

« Très heureux de pouvoir trouver un moment de repos, j'ai profité des circonstances pour jouir à Metz des embrassements de ma famille, que j'allais quitter pour longtemps. Là, tranquille, je ne m'occupais ni des hommes ni de leurs affaires ; et ce n'est qu'hier, à mon passage à Châlons, que j'appris des nouvelles de Paris, où j'ai et ne veux avoir que fort peu de relations [1].

« L. Hoche. »

---

1. Archives nationales.

Le Directoire répondit donc aux Conseils que la violation des limites constitutionnelles, si elle existait, était due uniquement à l'erreur du commissaire des guerres chargé de fixer les cantonnements et à l'ignorance de Richepanse, qui déclara ne pas savoir l'existence du rayon constitutionnel [1]. Mais ces explications arrivaient tardivement, et qu'importait aux conseils l'erreur de deux sous-ordres? Qui a mis les troupes en mouvement? Voilà ce qu'on veut savoir, et il paraît évident que c'est Hoche, et c'est Hoche qu'on déteste. De qui en a-t-il reçu l'ordre ou l'autorisation, que personne ne reconnaît avoir donnés? du Directoire? de Carnot lui-même, affirmait Hoche [2]!

Mais Carnot, qui le nie dans ses mémoires, dut le nier d'abord, s'il l'affirma ensuite officiellement. Les attaques contre Hoche s'aggravèrent donc : on l'accusa surtout de ne s'être entendu qu'avec Barras. Compromis par cet allié, accusé

---

[1]. Lettres de Lesage, Richepanse et Hoche. *Moniteur*, an V, n°s 331 et 336.
[2]. Lettre de Hoche. *Mémoires de Carnot*. Message.

par Carnot, Hoche parut abandonné; le royaliste Delarue proposa sa mise en accusation; le général royaliste Willot demanda si l'âge de Hoche lui permettait d'être ministre, si Barras aussi n'avait pas été nommé directeur illégalement. La nomination de Barras était légale, et Hoche avait déjà donné sa démission de ministre. Elle fut connue le 4 thermidor.

Ce même jour, Hoche, rencontrant le général Marbot, lui dit : « Il n'y a rien de changé, je pars pour ma destination; dites aux républicains qu'ils comptent sur Hoche, à la vie, à la mort [1]. »

Rien n'était prémédité en vérité; Truguet avait bien appelé Hoche à Paris, et ce n'était qu'en le voyant que Barras, alors en relation avec les agents royalistes, eut peut-être l'idée d'une intrigue différente et contraire.

Comment croire en effet qu'on eût choisi, pour exécuter un coup d'État, le moment où Barras trahissait et où Carnot était président? Au reste La Réveillère ignorait, et Rebwel aussi, la marche

---

[1]. Rousselin, *Vie de Hoche*.

des troupes. Comment nier enfin que l'expédition d'Irlande ne fut préparée, ordonnée? Barras put songer, en voyant l'irritation de ses collègues contre Carnot, à profiter de l'arrivée des troupes, de la présence de Hoche pour agir brusquement. Quel général convenait mieux au roi des Pourris, que ce jeune homme, qui déclarait que, l'opération terminée, il briserait son épée, ou qui se jetterait aussitôt en Irlande et laisserait les fruits de la victoire à Barras! En recevant Hoche, Barras lui cria-t-il : « Sauvez-moi! » l'assura-t-il de l'assentiment de La Réveillère et de Rebwel et peut-être de Carnot? Barras dénonça-t-il seulement les complots, très réels [1], les préparatifs déjà commencés? Hoche, qui les connaissait mieux que personne et les dénonçait depuis longtemps, était prêt à frapper ferme. Mais s'il voulait réprimer les factieux, c'était d'accord avec les directeurs. S'il les croyait unis, il fut rapidement et cruellement détrompé.

1. Dans la nuit du 5 au 6 thermidor, Willot offrit de s'emparer des trois directeurs, de les amener aux Tuileries et de les poignarder. Barras fut averti le lendemain. Anecdotes inédites de la fin du xviiie siècle. An IX, p. 155.

Pendant la querelle avec les Conseils au sujet des troupes, Hoche vit Carnot, soit que le directeur l'eût mandé, soit que Hoche se rendît spontanément chez lui [1]. Là, en présence des

1. Carnot dit les deux choses; La Réveillère affirme que Hoche fut mandé.

Dans l'inventaire des papiers de Carnot, Arch. nat. (AF[III]... 2671-2682 462), dossier 2680, — on trouve les analyses suivantes de pièces rendues à l'ancien directeur et qui sont peut-être dans sa famille :

« Minute de lettre à la Carrière, représentant du peuple — *de sa main :* dément avec force les contes absurdes de la marche des troupes sur Paris. Ce qui m'étonne, dit-il, c'est que de pareilles sottises trouvent toujours quelqu'un qui veuille bien les croire (2e chemise, n° 2.)

« Déclaration sur la marche des troupes tirées de Sambre-et-Meuse. Il finit par rendre justice aux intentions du général Hoche, qu'il croit très pur, et il pense qu'eut-il même commis quelques erreurs, il doit pouvoir compter sur la protection du gouvernement (8e chemise, n° 1). N'est-ce pas la preuve éclatante de la bonne foi de Carnot et de Hoche, et du simple malentendu résultant des intrigues de Barras ? — Correspondance privée : extrait des lettres adressées au citoyen Carnot, n° 19, 12 fructidor an V, au quartier général à la Haye. Le général Dejean adresse à Carnot l'aperçu du plan de descente en Irlande et en Écosse du général Daendels, et ses observations sur ledit projet. — Lui fait passer aussi une lettre collective du général *Daendels* et de l'amiral *de Winter*, qui instruisent Carnot qu'ils sont de retour à la Haye; déjà ils ont conféré avec les membres de leur gouvernement sur tous les arrangements convenus à Paris. Partout on travaille avec la plus grande activité à préparer les moyens d'exécution. Dans une semaine au plus tard, ils seront prêts. Ils ne désirent plus que le moment d'opérer, demandent avec instance qu'on ne les mette pas dans le

Directeurs, Carnot interroge Hoche et le menace de le faire arrêter. « Je ne puis faire l'expédition d'Irlande sans troupes, répond Hoche. Ce sont des régiments que j'ai formés. » Carnot reprend ses accusations, ses menaces. Barras se tait; Rewbel et La Réveillère, qui ignoraient la marche des troupes, se taisent également, et Truguet, qui possédait tout le secret, n'est plus ministre. Hoche est exposé aux soupçons de tous et surtout à ceux de Carnot, de qui il déclarait tenir ses ordres. C'est alors que La Réveillère-Lépeaux prit la défense de Hoche avec énergie et fit cesser une sorte d'interrogatoire injurieux et illégal, puisque le président Carnot agissait sans avoir consulté ses collègues [1].

cas de ne pouvoir plus profiter du zèle des troupes. Si des obstacles imprévus s'opposaient à la *grande expédition projetée*, qu'on daigne les avertir, afin qu'avant la mauvaise saison ils puissent employer les moyens qu'ils ont préparés. »

Ces documents et l'arrêté public du Directoire prouvent avec la dernière évidence que le projet d'expédition était sérieux et sur le point d'être exécuté; qu'il n'était donc pas un simulacre destiné à voiler les préparatifs d'un coup d'État; que Hoche enfin fut très pur d'une intrigue qu'il traversa sans la connaître, et croyant n'agir que d'accord avec tout le gouvernement.

1. Mémoires de La Réveillère-Lépeaux.

Alors peut-être, et seulement alors, il fut question d'un coup d'État entre La Réveillère et Hoche. Voici dans quelles circonstances; une entrevue eut lieu, recherchée par Hoche. Il remercia le Directeur; la confiance naquit entre eux. Quelle fut leur conversation? Les raisons qui s'opposaient à un coup d'État, présidence de Carnot, indignité de Barras, les retinrent dans les limites des possibilités et des intentions. Celles de La Réveillère sont faciles à deviner : Fructidor, que nous n'avons pas à raconter, les a révélées. Il voulait par la seule arrestation de chefs coupables exercer une pression morale. Hoche offrit-il son armée dans ce but [1]? était-il disposé à provoquer des manifestations de dévouement à la République? Cela n'est point douteux. Prêterait-il main-forte au Directoire, en cas d'attaque de la part des Conseils, ou, dans le cas d'une résistance à main armée des royalistes aux ordres du Directoire, si celui-ci attaquait? Nous ne doutons point

1. Rousselin, *Vie de Hoche*. Consulter de préférence la seconde édition en deux volumes; Paris, an VI.

que Hoche ne répondit affirmativement. Mais a-t-on dès ce jour-là décidé fructidor ? Je ne le crois pas.

C'est à des prévisions d'entente pour l'avenir que se borna l'entrevue ; ils en restèrent aux intentions et aux possibilités. Devinée plutôt que connue, cette conversation de deux grands citoyens a suffi à leur attirer l'exécration des fauteurs mêmes de coups d'État, qui sont loin d'avoir autant de scrupules de légalité.

En quittant Paris, éclairé sur l'intrigue de Barras, qui n'avait point prévenu ses collègues des propositions qu'il faisait en leur nom à Hoche, celui-ci se rendit chez ce condottiere jacobin et lui fit des adieux méprisants et à demi publics.

A la haine de Carnot s'ajoutent maintenant celle de Barras et aussi celle de sa créature le nouveau ministre de la guerre, Shérer. De leurs amis républicains, ainsi que du parti royaliste, s'éleva contre le général une clameur qui retentit encore dans l'histoire et paraît à beaucoup une suffisante explication de sa douloureuse agonie et de sa fin rapide.

En quittant Paris, Hoche envoya prendre les

informations sur l'arrêté que le Directoire avait dû prendre au sujet de la marche des troupes vers Brest. Le Directoire, toujours divisé, décida d'abord que les troupes continueraient leur marche, puis qu'elles rentreraient dans leurs cantonnements. Il donna successivement de nouveaux ordres. Le 21 thermidor enfin, après des marches et des contremarches inutiles et inexpliquées, Hoche regagne son quartier général. « Je n'irai, écrit-il au ministre, ni à Brest, ni à Rennes, ni à Avranches, l'expédition ne pouvant avoir lieu... Je n'irai plus faire le don Quichotte sur les mers, pour le plaisir de quelques hommes qui voudraient me savoir au fond. »

L'expédition au milieu de ces querelles était devenue impossible : rien n'était prêt; Brest était presque en insurrection, les fonds et la solde étant toujours en retard; rien n'arrivait pour les troupes, pas même le tabac : jamais la Trésorerie ne se prêta plus à la politique des royalistes, qui consistait à affamer le Directoire[1]. « Tout

---

1. Les commissaires furent destitués par les Conseils; 26 therm.

délai, écrivait de Brest Morard de Galles, peut compromettre le salut, non seulement de l'armée navale, mais même celui du port et de la ville[1]. » Ce n'était point cela qui pouvait décider les Conseils ni la Trésorerie; rien ne leur convenait mieux qu'une émeute où l'on crierait : « Vive le roi! » et que l'échec d'une expédition d'où dépendaient la gloire de Hoche et l'affermissement du Directoire et de la République. Le nouveau ministre de la marine, vieillard sans énergie, était incapable de porter de l'ordre dans ce chaos et d'imposer l'obéissance aux marins. En se retirant à Wetzlar, Hoche abandonnait

---

1. « Je ne puis me procurer de l'argent, parce qu'on me refuse le payement en traites sur Paris, depuis que celles que j'ai tirées sur la banque Féline éprouvent des retards et qu'elles reviennent protestées. » Sané ordonnateur au ministre, 3 thermidor an V. Arch. nat. — « La trésorerie avait à remettre, au premier de ce mois, une somme de dix millions affectee au payement de la solde, des subsistances, journées d'ouvriers... Un tiers au plus des fonds ordonnancés pendant les deux premières décades a été versé par les préposés de la trésorerie... Dans un même département, un même port, un même lieu, la troupe et les agents de l'administration de la guerre sont payés exactement, et la troupe et les agents de la marine ne le sont pas. » Rapport du ministre de la marine Pléville de Peley du 25 thermidor an V. Arch. nat.

donc moins l'expédition contre l'Angleterre que l'inutile lutte contre le désordre et la trahison. Personne n'en pouvait victorieusement sortir tant qu'un parlement, dans son omnipotence, combattrait non seulement les projets du pouvoir exécutif et du général, mais s'attaquerait à ce général et lancerait sur lui ses plus perfides fabricants de scandale.

Hoche avait refusé de tenter l'expédition, de tenter le coup d'État : mais il vivait. L'Angleterre et la réaction devinaient qu'il ne resterait pas longtemps irrité sous sa tente; qu'au premier appel des Irlandais il reprendrait la mer, dût-il partir avec les Hollandais; qu'au premier coup porté contre la République, il accourrait pour la défendre. Aussi toutes les haines qu'il avait excitées étaient-elles arrivées au paroxysme de la rage. Les fournisseurs des armées n'étaient pas moins exaspérés contre lui depuis qu'il les avait attaqués et qu'il prescrivait aux généraux de Sambre-et-Meuse de faire cesser leurs déprédations [1].

[1]. Rapport inédit du général Hardy du 21 fructidor an V (de *notre collection*).

Aussi faisaient-ils chorus contre lui. Un d'eux, causant avec Hoche, qu'il ne connaissait pas, manifesta cyniquement la pensée de tous : « Nous espérons bien que le vieil aristocrate économiste ira bientôt rejoindre Marceau dans la tombe. » Vous pensez, ajoute Hoche, que j'ai bien ri de la sottise [1]. Ces haines réunies eurent-elles recours au poison ? C'est peut-être encore un problème, mais ni ce problème, ni le douloureux récit de la mort du jeune héros, n'ont ici leur place.

Hoche mourut à Wetzlar, le deuxième jour complémentaire de l'an V [2]. Sa mort, malheur irréparable pour la France, fut également funeste à l'Irlande, dont elle changea peut-être la destinée, en détruisant les grands projets qui ont fait l'objet de ce livre. Nous ne terminerons pas ici cependant notre récit, car il est intéressant de montrer ce que devinrent ces projets après la mort de Hoche, et par qui la France manqua de parole une première fois aux Irlandais, comme par qui elle s'efforça de la tenir.

1. Lettre de Hoche, dans Rousselin de Saint-Albin.
2. 18 septembre 1797.

XV

LA COMÉDIE DE L'ARMÉE D'ANGLETERRE

Hoche mort, l'Irlande va être oubliée ; mais ne comprenant pas immédiatement quelles conséquences aurait la disparition du jeune général, et persuadés qu'un autre viendrait, à sa place, au rendez-vous qu'il leur donnait en messidor, les Hollandais n'éloignèrent pas les troupes des bords du Texel et continuèrent leurs préparatifs. Toujours impatient de venger leur récent échec au cap de Bonne-Espérance, de secourir leurs colonies, d'affaiblir l'Angleterre et de favoriser nos projets, le comité batave attendait une occasion favorable d'agir. Elle se produisit au commencement d'octobre : des mutineries, dernier vestige de la grande sédition du printemps, ayant éclaté sur la flotte de l'amiral Duncan, les Hollandais mirent à la voile. Comme la flotte espagnole, la flotte hollandaise courait à sa perte. Malgré des prodiges de valeur, elle fut battue à la hauteur du cap Camperdwin, le 11 octobre 1797. L'Assemblée batave déclara que les marins resteraient à la hauteur de leurs frères d'armes, les soldats français, et s'occupa de réparer les pertes éprouvées[1]. Mais la Hollande nous échappait comme l'Espagne : la France restait seule.

Le successeur de Truguet, « le débile » Pleville le Peley, oublia un projet qui promettait de si beaux résultats, fit débarquer les troupes déjà embarquées, licencia les équipages, désarma la flotte et vendit des frégates et des transports ou les loua à des armateurs[2].

L'enthousiasme fut grand en Angleterre, à la nouvelle de la victoire de Duncan à Camperdwin. La mort de Hoche, les fautes du

---

1. Rapport de la commission diplomatique à l'assemblée nationale batave du 23 novembre 1797. — *Moniteur*, an V, n° 76.
2. Jomini, t. X, p. 210.

Directoire l'augmentaient. Cependant l'affaire de Bantry et l'intrépidité de la flotte hollandaise, hautement reconnue par les Anglais, prouvaient que le danger subsistait toujours [1]. Avec quelle facilité en effet pendant la bataille de Camperdwin une flotte aurait gagné le large et navigué vers l'Irlande ! Aussi, malgré les fêtes et les solennelles processions à Saint-Paul, le roi marchant en tête du cortège, les fonds anglais ne montèrent pas. Le succès n'était qu'un incident dans cette interminable lutte. Tandis que les Hollandais réparaient leurs pertes, le Directoire créait l'armée d'Angleterre et en nommait Bonaparte général en chef. Bonaparte promit aussitôt d'aller signer la paix à Londres.

Ce ne sont dès lors et pendant les années 1797 et 1798, dans les deux pays, que manifestations belliqueuses et préparatifs militaires : en France, les chambres prohibent l'entrée des marchandises anglaises, et plus tard en ordon-

---

[1]. « Nos ennemis nous estiment à cause de notre vigoureuse résistance. L'action n'a pu être plus sanglante. » Lettre de l'amiral de Winter prisonnier au comité de la marine.

nent la saisie; puis elles décrètent un emprunt de quatre-vingts millions. Le Directoire envoie Truguet à Madrid négocier avec la cour d'Espagne, et Joubert à La Haye, s'entendre avec la République Batave. Malgré leurs échecs récents, ces gouvernements peuvent nous être utiles; ils le désirent, et nos ambassadeurs ont la mission facile de les amener à une action commune. Le ministre Pleville le Peley essaye de refaire ce qu'il a défait : de rappeler les matelots licenciés, de racheter les vaisseaux vendus ou loués au commerce, et, dans un ordre du jour, d'exciter les marins à acquérir la gloire en compagnie des héros d'Italie. Le secret gardé si soigneusement par Hoche n'existant plus, on vit paraître nombre de livres sur l'expédition, sur la facilité des descentes, sur l'effroi que la moindre attaque inspirait aux Anglais. Prudhomme, qui, pendant toute la révolution, se hâte de publier des compilations sur toute actualité, dit dans une brochure que presque toutes les flottes ont abordé l'Angleterre : sur quarante-cinq tentatives, quarante et une ont réussi. Enfin l'insuccès de la dernière ne décourage personne : « Tous les officiers faisant partie de cette expédition, ceux même qui en partant y étaient le plus contraires, sont même persuadés de l'extrême facilité du succès; et Hoche a dit souvent depuis qu'il n'aurait voulu que six mille hommes pour réussir [1] ». Au théâtre la descente en Angleterre inspire immédiatement les auteurs, et les couplets deviennent à la mode. Des dons patriotiques se produisent de toutes parts [2]; l'enthousiasme a gagné la nation, qui, en paix sur le continent, veut en finir avec l'Angleterre. Dans tous les ports, on construit des bâtiments d'un type nouveau : à Dunkerque, des canonnières à la

---

1. Tardieu, *Notice sur les principales descentes en Angleterre*, p. 42.
2. « Dans ma brigade, la souscription s'éleva à plus de 6000 francs, somme énorme, si on la compare à la pauvreté dans laquelle nous nous trouvions. *Mémoires du maréchal Soult.* — Un carton des Archives contient un grand nombre de listes de souscriptions; l'armée donne beaucoup. On remarque également l'importance des dons des départements du Haut et du Bas-Rhin et de certaines villes du Palatinat, alors occupées par l'armée de Sambre-et-Meuse. — Strasbourg envoie douze mille livres; — la division de Châteauneuf, qui fait le siège de Mayence, vingt mille livres; — la Société patriotique de Coblentz, quinze cents livres.

suédoise pour un débarquement rapide; à Saint-Malo, des canonnières dont chacune portera un canon de vingt-quatre et cent hommes; à Granville, des bateaux plats; à Brest, des vaisseaux; et Desaix, général en chef pendant que Bonaparte est à Rastadt, voit dans ce port une escadre de treize vaisseaux. Du Texel à Rochefort et de Cette à Toulon règne la même activité; on a la foi : « Tout marche à souhait, grâce au plus grand capitaine du siècle; » l'argent même arrive, grâce à l'effet des lois de fructidor sur la Trésorerie. Le ministre de la marine décide de partir au printemps et impose à l'industrie privée de livrer les commandes qu'elle exécute, avant le premier germinal an VI, sous peine d'un dédit. De son côté le ministre de la guerre ordonne aux militaires en congé de rejoindre leurs corps à la même date. Le Directoire baptise un vaisseau le *Hoche*, comme pour montrer à quelle inspiration il obéit. Napper-Tandy et Wolf Tone en informent les Irlandais et leur disent que tout se hâte vers leur délivrance.

L'armée de débarquement est composée de vingt-deux régiments d'infanterie, quelques-uns de cavalerie et d'un état-major nombreux : Murat, Caffarelli, Belliard, Menou, Lannes, Andréossy et d'autres qui ne partiront pas. Mais on ne trouve dans le nombre aucun des amis de Hoche. Desaix organise en Belgique l'aile droite; Kleber, de Saint-Malo à Rochefort, l'aile gauche, et Kilmaine, au Havre, commandera le centre. Le général en chef revient enfin de Rastadt, prend le commandement et visite les ports de l'Ouest et du Nord. Mais une grande préoccupation se lit sur son visage. Et ce n'est ni vers Londres ni vers Dublin que va sa mystérieuse méditation. Les amis, les intimes qui le devinent, se moquent parfois très hautement de l'expédition, tandis que la France, éprise de son héros, le voit déjà à Dublin, en libérateur, et à Londres, en maître.

Comment les Irlandais n'auraient-ils pas conçu de nouvelles et plus grandes espérances, et les Anglais de nouvelles et plus sérieuses craintes? Les Irlandais fixèrent le début de l'insurrection au printemps, comme nous avions fixé notre départ; les Anglais firent avec une rapide énergie des préparatifs de défense; on travailla autant sur la côte anglaise que sur la côte française.

On dit que la création de l'armée d'Angleterre n'avait pour but que de tromper le ministère anglais sur nos projets relativement à l'Égypte; c'est une erreur. Non seulement la nation, l'armée et la marine croyaient à la descente, mais le Directoire la voulait. Pendant deux mois il n'eut point d'autres projets; il ne songeait même pas à l'expédition d'Égypte, considérée avec raison par tous, sauf par Bonaparte, comme une aventure. Un mot résumait l'opinion publique, la volonté nationale : « La mer libre ou la guerre »; c'est-à-dire la descente. Bonaparte était seul d'un autre avis.

Rêvant déjà de l'Orient, ébloui par le mirage de l'Égypte, Bonaparte, jugeant la dictature impossible, compliquait notre politique de conceptions machiavéliques dans lesquelles les destinées de la France étaient subordonnées à son ambition. Depuis longtemps déjà il trompait les

Directeurs. Quand il paraissait entrer dans leurs vues, il étudiait avec Monge et d'autres ce projet d'expédition conçu en Italie et préparé déjà, sans souci du gouvernement. Pendant les négociation de Campo-Formio, Bonaparte avait envoyé d'Italie à Malte son secrétaire Poussielgue pour se ménager des intelligences parmi les chevaliers de la langue française. Malte fut en effet la première étape de l'expédition d'Égypte.

Certes, il était plus facile de s'attaquer à l'empire turc disloqué et amoindri, de faire au bord du Nil des prouesses retentissantes, et d'étonner l'Europe par la proclamation de victoires lointaines, que de saisir corps à corps ce peuple anglais si ferme, si résolu, si bien pourvu et maintenant si bien averti. Bonaparte, contrairement à ce qu'il a dit plus tard, taxait de folie la tentative de Hoche. Comment alors qualifier cette conception d'une croisade en Orient qui contenait ces rêves à la Pyrrhus : l'invasion de l'Égypte, une marche triomphale en Asie Mineure, le retour à travers l'Europe par Constantinople, l'Autriche et l'Italie ? C'était la résurrection, dans la mémoire des hommes, de tout le fracas des souvenirs classiques : l'Orient, les Pyramides, Memphis et Jérusalem, Alexandre et les Croisades à la fois; mais c'était surtout pour le jeune capitaine en qui perçait déjà le condottiere, l'absolue liberté, le pouvoir sans contrôle et sans surveillance. Décor, souvenirs, liberté, étaient également nécessaires à ce haut comédien politique, qui ne voulait pas jouer sa popularité dans cette dangereuse partie : se jeter en Angleterre et s'y laisser enfermer, avec la nécessité de vaincre ou de mourir, sous le regard du gouvernement et de tous les citoyens, renseignés presque jour par jour.

D'un côté étaient tous les risques pour la France et toutes les chances pour l'avenir d'un despote; de l'autre, les chances pour la patrie et les risques pour le général. Hoche avait choisi la seconde alternative; Bonaparte choisit la première.

Mais bientôt après il fut obligé d'en revenir aux conceptions politiques de son rival et de se blâmer lui-même : deux ans plus tard en effet, il reprit ce projet de descente, qui fut pendant quatre ans sa plus constante préoccupation et dont ni les conspirations du Consulat, ni le couronnement ne le détournèrent. Plus tard, à Sainte-Hélène, quand la grande figure de celui qui lui aurait barré le chemin du trône reparaissait à ses yeux, Bonaparte disait : « Si Hoche eût débarqué en Irlande, il aurait sans doute réussi dans ses projets, parce qu'il possédait toutes les qualités nécessaires pour en assurer le succès. Il était accoutumé à la guerre civile et savait comment s'y prendre pour la faire réussir à son avantage : il avait pacifié la Vendée, il aurait dirigé les Irlandais avec intelligence. »

Pendant trois mois, Bonaparte dissimula ses idées, feignit d'obéir au Directoire. Dès son retour de Rastadt à Paris, brumaire an VI (novembre 1797), le comédien commence son rôle et accepte le titre de général en chef de l'armée d'Angleterre. Il propose à Bernadotte de l'accompagner « dans une expédition en Angleterre, ou peut-être en Portugal ou en Espagne [1] ». Ber-

---

1. Voy. *Correspondance*, t. IV.

nadotte refuse, mais Bonaparte s'adresse à d'autres et nomme ceux même qui l'accompagneront en Égypte : Berthier, Kléber, Desaix, Murat. L'amiral Brueys est chargé d'amener six vaisseaux de Toulon à Brest, l'ingénieur Forfait d'inspecter nos forts et nos arsenaux du Texel à Brest.

Mais en réalité, pendant qu'il paraît tant occupé de la descente, flattant ainsi l'opinion publique tout à la haine contre l'Angleterre, Bonaparte, sous le couvert de l'expédition projetée, prépare son aventure en Orient. Au commencement de février, il quitte Paris et va visiter Brest, Rochefort et les côtes de l'Océan. Il examine tout avec le soin, la netteté, l'intelligence qu'on lui connaît; il voit tout : il est renseigné. Alors ce général de l'armée d'Angleterre, dans un long rapport[1], déclare allègrement que rien n'est prêt, que l'expédition doit être ajournée à un an; mais il indique, comme immédiatement réalisable, une expédition dans le Levant qui ruinerait le commerce anglais des Indes! Cette

1. *Correspondance,* t. IV, lettre du 23 février 1798.

expédition, dont le point restait encore soigneusement caché, c'était l'expédition d'Égypte.

Le Directoire s'y opposa d'abord. La Réveillère-Lépeaux notamment montra le danger de risquer dans une longue traversée une armée nécessaire à la défense des frontières. Mais la majorité des Directeurs céda, soit qu'ils eussent foi en ce projet, soit plutôt qu'ils fussent heureux d'éloigner Bonaparte. L'expédition décidée, ces flottes, qu'il disait n'être ni prêtes ni suffisantes pour un débarquement en Angleterre, embarquent vingt-cinq mille hommes (bien plus que n'en désirait Hoche) et nos meilleurs généraux, qui venaient d'être désignés pour l'armée d'Angleterre. Bonaparte s'élance enfin vers l'Orient, où se font, dit-il, les grands noms, et abandonne l'Occident, où se font les grandes choses.

L'armée d'Angleterre ne fut plus, même pour les généraux qui restaient, qu' « une grande ombre ridicule [1] ».

Mais sa création, son organisation, les me-

---

1. Le mot est du maréchal Soult. *Mémoires*, t. I.

naces de représailles et l'enthousiasme national, n'avaient rien laissé ignorer à l'Angleterre, que Hoche, à force de secret, avait surprise sans défense. La fière Albion tremblait, mais s'armait. La longue comédie de Bonaparte permit à Pitt de rassurer les esprits en Angleterre, de terroriser l'Irlande et de provoquer la révolte, d'épaissir les croisières, de munir les côtes de canons, de construire en Irlande des forts, et enfin de reprendre l'offensive sur mer, de bloquer nos ports et d'y troubler même nos ouvriers. Les croisières surveillent les côtes de Dunkerque à Bordeaux; des corsaires anglais se lancent sur nos moindres embarcations, même sur celles des pêcheurs : un jour le Havre est attaqué, le lendemain des villages brûlés, puis c'est Ostende où débarquent six mille Anglais [1]. Une flottille sous les ordres de Muskein essaye vainement de résister, sur la côte normande, et d'attaquer les îles Saint-Marcouf. La terre française ne peut même servir

---

[1]. Messidor an VI. Ils sont défaits par le brave Muscar sous les ordres de Championnet : 350 Français font 1500 Anglais prisonniers.

d'abri aux vaisseaux français : des signaux faits sur les falaises, des fusées lancées la nuit, annoncent à la croisière anglaise leurs moindres mouvements et les rendent non seulement inutiles, mais périlleux. A Port-Malo, au moment où arrive la nouvelle du désastre d'Aboukir, des traîtres restés inconnus jetèrent sur les canonnières réunies dans le port des grenades et des matières inflammables [1]. Enfin, sourdement, tandis que le royalisme vaincu en fructidor reprend force, la coalition se reforme à l'ombre du congrès de Rastadt, et l'alliance austro-russe s'accomplit. En six mois la comédie jouée par Bonaparte a rendu les descentes impossibles et mis la France, attaquée en Suisse et en Hollande, à deux doigts de sa perte.

Cependant l'illusion dure encore en France. A l'anniversaire du 14 juillet [2], les Irlandais-Unis, présents à Paris, en rappelant la nécessité d'agir promptement, font hommage aux deux Conseils des emblèmes de leur nation : la harpe, sur-

1. *Moniteur* de l'an VI.
2. 26 messidor an VI (1798).

montée maintenant des emblèmes de la liberté, avec les mots : « Erin go breah ! » Aux Anciens, le président Marbot répond que le 14 juillet a sonné aussi pour les Irlandais ; Cabanis aux Cinq-Cents annonce les secours demandés : « Le Directoire ne trompera point l'espérance des amis de l'humanité, des zélateurs de la liberté universelle. » Ce même jour, dans un banquet public, Joseph Bonaparte, comme si son frère allait revenir à l'automne, selon sa promesse, commander la descente en Angleterre, portait un toast à la liberté de l'Irlande.

L'ère des discours et des lents préparatifs était cependant passée. L'insurrection venait d'éclater, le 23 mai 1798. Nos armements devaient être finis le 5 germinal an VI (fin mars); notre flotte devait arriver le jour même de la révolte : les Irlandais étaient en droit de l'attendre. Mais nous n'étions pas prêts. Les Sherer, les Pleville, les Barras étaient indifférents à cette chose : tenir la parole donnée par la France; et Bonaparte avait tourné vers l'Orient toutes les imaginations françaises. Celles des Irlandais, non moins ardentes, revenaient à la France et lui demandaient un général en chef capable de les grouper, de les retenir et de les commander. « Il nous fallait, dit un soldat de cette cause, un honnête dictateur; tel aurait pu être un Hoche ou un Kociusko, dont on n'eût pas pu ne pas exécuter les ordres, sous peine de mort, le succès de notre sainte entreprise dépendant de leur prompte exécution [1]. »

Le Directoire chercha longtemps un nouveau général en chef : Desaix partit avec Bonaparte; Bernadotte refusa. On s'adressa enfin à Chérin, chef d'état-major de Hoche dans l'expédition de 1797 et à l'armée de Sambre-et-Meuse.

Chérin, l'ami intime, le confident préféré du général Hoche, concevait comme lui la guerre contre l'Angleterre et la défense de la Révolution. Si quelqu'un était à la hauteur du rôle que les Irlandais réservaient au général français, c'était bien Chérin. Il en avait l'aspiration et l'expérience.

---

1. Miles Byrne, *Mémoires d'un exilé irlandais de 1798*.

Las de vivre à Paris, ce Paris si étrange de 1798; désillusionné, mais resté républicain et resté pauvre, il songeait à aller prendre du service en Pologne, à aider Kociusko dans sa mission de dictateur à l'américaine, dans son rôle de Washington. On lui offrit d'achever l'œuvre préférée de son ami; il accepta.

Dans une séance secrète du Directoire à laquelle il assista, le 18 messidor, il indiqua les causes d'insuccès : l'insurrection déjà écrasée et les préparatifs de défense de l'Angleterre. Il demanda, condition sans laquelle il n'acceptait pas, un corps expéditionnaire de huit mille hommes, et il exigea que l'avant-garde de mille hommes, commandée par Humbert, fût immédiatement suivie par un corps d'égale force au moins; qu'enfin on lui donnât des armes pour les Irlandais. Sherer ne révéla son opposition qu'en protestant contre l'envoi des armes, qui risquaient d'être prises par l'ennemi. — « Les armes sont-elles plus précieuses que les hommes[1]? » répliqua

---

1. Chérin à Treilhard. Lettre du 6 fructidor an VI. *Vie de Chérin*, par Rousselin de Saint-Albin.

Chérin. Le Directoire consentit à tout. Chérin reçut le commandement en chef de la deuxième expédition.

Elle est immédiatement préparée dans quatre ports : à La Rochelle, sous les ordres du chef de division Savary; à Brest, sous les ordres de Bompard, un des plus énergiques officiers de la marine; au Texel, par les marins hollandais; enfin, à Dunkerque, on arme un brick, l'*Anacréon*. Les proscrits irlandais se rendent aux différents ports, Napper-Tandy à Dunkerque, Wolf Tone à Brest.

Bientôt les difficultés qu'avait éprouvées Hoche se reproduisirent : mauvaise volonté, préjugé contre une expédition condamnée par le plus grand génie du siècle, retards dans l'envoi des fonds, trahisons dans les bureaux. Cependant d'aussi minces préparatifs ne pouvaient être longs après le grand effort pour organiser l'armée d'Angleterre. Bompard se hâtait, l'*Anacréon* partait, Savary était déjà en mer, le général en chef allait monter sur l'escadre de Brest. Il reçut du ministre l'ordre de se rendre en Italie. Sherer satisfaisait ainsi ses rancunes et celles de tous les royalistes contre l'ami de Hoche.

Chérin, indigné, refusa son nouveau commandement et donna sa démission de général. Relevé alors à la qualité de simple citoyen, libre de parler, il le fit sans tapage. Dans une lettre au directeur Treilhard, qu'il avait cru un ami plus sûr ou plus éclairé, Chérin prédit les tristes événements que l'indécision et l'incurie du Directoire vont amener, non seulement en Irlande, mais sur nos frontières. La France alors aura besoin de tous ses défenseurs : Chérin à ce moment critique reprendra sa place dans le rang. Il y reparut en effet : il courut en Suisse, où Masséna contenait l'armée austro-russe, et mourut à la fin de la grande bataille de Zurich. Frappé au moment où il apprenait la victoire, sa dernière parole fut, dit-on : « Hoche, que tu nous manques! » La pauvre vieille Irlande, expirant déjà sous la main de fer de l'Angleterre, pouvait, elle aussi, dire : « Hoche, que tu me manques! France, que tu me manques! »

Le malheureux Wolf Tone, le vieux Napper-

Tandy, comprirent l'inutilité de nos derniers efforts : ils les déconseillèrent, ils blâmèrent ce semblant d'expédition fatale aux Irlandais qu'elle excitait, fatale aux soldats français qu'elle sacrifiait; mais leurs conseils étant dédaignés, ils se jetèrent dans le nouveau danger qui souriait à leur impeccable patriotisme.

XVI

UN BATAILLON CONTRE UNE ARMÉE

On a dit, et c'est encore vrai, que la politique de l'Angleterre en Irlande se réduit à cette alternative : coercition ou conciliation. Sauf pendant l'éphémère vice-royauté de Fitz-William, la coercition prévalut toujours. En 1798, elle atteignit, de l'aveu de tous les historiens, le comble de l'arbitraire et de la cruauté. Tout ce que l'on connaît des terribles répressions qui suivent les conquêtes précaires : la Lombardie sous la domination autrichienne, la Pologne sous la domination russe, l'Alsace sous la domination prussienne, le douloureux martyre des nations violées et redoutées, l'Irlande le subissait en 1798. Son attitude fut admirable. L'union était partout : un patriote condamné marchait au supplice, entre deux prêtres de religions différentes réconciliés par l'amour de la patrie; l'abstinence des boissons fut générale; c'est par la concorde et l'austérité que les peuples se délivrent. L'organisation se perfectionne, le Directoire est nommé : Fitz-Gerald, O'Connel, Olivier Bond, Emmet, etc., le composent; cinq cent mille patriotes sont prêts; les chefs locaux sont des jurisconsultes, des avocats, des médecins, de riches négociants, des propriétaires, des prêtres catholiques et des ministres dissidents, toutes personnes considérées en raison de leur fortune, de leur famille, de leur caractère, de leurs talents, de leurs opinions éclairées. Elles recommandent d'obéir strictement aux ordres des chefs, de s'abstenir de toutes représailles, de ne pas profaner les édifices du culte, de respecter les femmes. Sages conseils qui, contrairement aux calomnies répandues depuis, furent scrupuleusement suivis [1]. Ce n'est

---

1. Miles Byrne, *Mémoires,* tome II. — Il donne sur ce point des détails très précis et révèle un état d'esprit

pas en effet une simple insurrection de paysans qui va éclater : c'est la révolte d'une nation tout entière, chacun mettant comme enjeu tout ce qu'il a, fortune, instruction et famille. Tous sont également décidés, tous également impatients, et c'est cette impatience que l'administration s'efforce d'exagérer chaque jour, pour provoquer un éclat prématuré. Mais le Directoire secret dit d'attendre : ils attendent!

Ils attendent l'arrivée des Français.

Comme on compte sur eux pour le mois de mai, le Directoire secret fixe la nuit du 22 au 23 pour la prise d'armes.

Lord Cambden, un des plus rudes vice-rois qu'ait subis l'Irlande, ne pouvait se contenter d'une apparente soumission qui lui dérobait ses victimes et donnait aux Français le temps d'arriver. Un soulèvement immédiat, prématuré et impuissant, convenait mieux à ses vues de répression. L'administration s'applique à le faire éclater en redoublant de violence, d'arbitraire et de

différent de celui que peint M. de Beaumont dans l'*Irlande sociale et politique*.

cruauté. On suscite les dénonciations, on les suppose même; on pille, on brûle, on torture : coups de fouet, pendaisons et demi-pendaisons, incarcérations; c'est une orgie de bourreaux au milieu d'une population dont la résignation irrite [1]. Les Orangistes ajoutent leurs rancunes personnelles à celles que la race, la religion et la politique inspirent. Réunis en corps sous le nom de Fencibles, ils imitent les violences de cette soldatesque si sévèrement jugée par Abercromby et tuent de sang-froid leurs adversaires politiques [2].

Dans un pareil milieu surgit spontanément l'éternel traître, et à côté de lui l'espion provocateur. Un négociant de Dublin, colonel des Irlandais-Unis, par pure panique, dénonce les projets et les plans des conjurés; un officier, à Cork, se fait initier à tous leurs projets afin de les dévoiler.

---

1. Voir plus haut, les aveux de lord Moira : « La rébellion de 1798 fut presque ouvertement et sans aucun doute probable fomentée pour donner au Gouvernement britannique l'occasion d'anéantir l'indépendance de l'Irlande et d'effectuer l'union. » D. O'Connel, *Mémoire sur l'Irlande*, adressé à la reine Victoria.
2. Miles Byrne, *Mémoires*.

Noms des directeurs, des membres des comités, projets, plan, heure et jour du soulèvement, tout fut exactement révélé au gouvernement. Le 12 mars, Addis-Emmet, Mac-Nevin, Olivier Bond, tous les membres du comité du comté de Leinster, sont arrêtés; et quelques jours après, les frères Sheares, à Cork. Fitz-Gerald, se cachant de maison en maison, toujours escorté du brave Gallacher, le plus fidèle des gardes du corps du lord proscrit, échappa aux recherches pendant deux mois; mais le 19 mai, le jour même où Bonaparte partait pour l'Égypte, le futur roi de l'Irlande était découvert dans une maison de Dublin. Attaqué, il se défendit héroïquement et ne fut pris que couvert de blessures et mourant. Il succomba quelques jours après.

« Regarde l'indomptable lord abattu, chantèrent aussitôt les ballades nationales : il nage dans le sang qui coule de ses larges blessures. Les destins demandent la tête d'un tyran; un roi va mordre la poussière. »

« Érin pleurera longtemps la perte du brave et vertueux Edward. Elle n'en verra jamais un pareil. Longtemps enivrée de sa douleur, ses montagnes répéteront ses plaintes immortelles[1]. » La fidèle Paméla, veuve du noble lord, reçut aussitôt l'ordre de sortir du royaume, et celle qui s'était réfugiée en Angleterre quand la France la poursuivait, proscrite maintenant d'Angleterre, vint en France lui demander un asile.

La pauvre vieille Irlande avait perdu ses héros, ses fils aînés ; le peuple avait perdu ses chefs ; les autres étaient en France en suppliants. Le vice-roi triomphait : connaissant tous les projets des Irlandais-Unis, il attendait avec indifférence l'occasion de lâcher ses troupes ou ses juges, selon que l'Irlande s'insurgerait ou se soumettrait.

A l'heure fixée, dans la nuit du 23 mai, l'insurrection éclata. Trop de douleurs avaient épuisé la patience humaine.

Au moment où le chef expirait dans sa prison, les Irlandais-Unis, sans rien changer aux plans découverts, s'avançaient hardiment contre

---

1. *Moniteur*, an VI, n° 277.

les camps, contre les villes, contre tous les points marqués pour une attaque. Ils menacèrent Dublin, comme il avait été convenu : Dublin, où les troupes anglaises les attendaient sous les armes. C'était une armée contre une armée; c'était une bataille offerte et acceptée. L'Angleterre sentit la séparation imminente. Pour la conjurer, elle appela un de ses meilleurs généraux, un de ses plus sages politiques, lord Cornwallis. Ainsi la France avait choisi pour provoquer cette séparation son meilleur général. Mais tandis que Cornwallis accourt en Irlande, le chef de l'armée française vogue vers l'Égypte.

Dans les comtés de Wexford, d'Antrim, de Carlow, de Wicklow, autour de Dublin, à Cork, avait éclaté au même instant la révolte. Elle se répandit rapidement dans toute l'île. Des batailles furent gagnées et perdues, des assauts et des massacres se succédèrent et se répondirent; mais cette merveilleuse entente pour un soulèvement ne put aboutir, faute d'un chef, au groupement d'une armée nombreuse et disciplinée. En vain, dans leur éparpillement, les

Irlandais-Unis demandaient le général nécessaire : Hoche était mort, mort Fitz-Gérald; Bonaparte parti; et le Directoire retenait ces généraux si désireux de s'élancer sur l'île : Chérin, Hardy, Humbert, Ménage, Rey et bien d'autres.

Les Irlandais recevaient le 18 juin, au camp de Mountplaisant, les journaux de France, tout pleins du récit des grands préparatifs de descente en Angleterre, de promesses de délivrance. Ce fut une dernière espérance. « Quelle cruelle illusion pour nous, pauvres Irlandais, dit l'un d'eux, de compter sur l'aide de la France, au moment où le conquérant de l'Italie et ses quarante mille hommes étaient en route pour l'Égypte[1]! » Après la lecture des journaux, les insurgés s'interrogeaient : Attendrait-on l'arrivée des Français? Brusquerait-on l'attaque? On se divisa sur cette illusion; beaucoup affirmaient que la Révolution libre sur le continent ne manquerait pas à sa mission libératrice, que Bona-

---

1. Miles Byrne, *Mémoires*.

parte ne manquerait pas à sa parole; d'autres doutaient et désespéraient.

Le Directoire fut faible, indécis, incapable; mais le véritable coupable, c'est Bonaparte. Lui seul fit abandonner une expédition qui pouvait arriver en Irlande en mai ou en juin, et profiter de l'immense énergie qui se perdit. Pourquoi? il jugea les difficultés trop grandes : car dire inutile, impossible, une expédition à laquelle Bonaparte lui-même travailla le lendemain de Brumaire et qu'il prépara, dès 1802, avec Robert Emmet, le digne successeur de Wolf Tone, n'est pas une affirmation acceptable, même dans le *Mémorial de Sainte-Hélène*. L'expédition était nécessaire, elle était possible; après Campo-Formio, la France était assez forte, assez libre pour l'entreprendre et pour réussir, et une flotte moindre que celle d'Égypte pouvait être réunie à la fin d'avril et aborder utilement un mois après, comme le firent inutilement trois expéditions insuffisantes et tardives. Mais Bonaparte, par ambition personnelle, abandonna une alliée vaincue, comme il avait sacrifié la république de

Venise, comme il abandonnera plus tard la Pologne, et compromit une seconde fois l'honneur de la France.

Ceux qui avaient reçu du général Hoche d'autres leçons et de plus nobles exemples, eurent assez d'audace pour tenter et assez d'habileté pour faire réussir des expéditions qu'il nous reste à conter, comme la condamnation sans appel de la conduite de Bonaparte et la glorification définitive des idées de Hoche.

Au commencement de vendémiaire an VII, le général Moulin est mis à la tête de l'armée d'Angleterre : des semblants de préparatifs pour cette ombre d'armée sont continués : derniers efforts d'une trop longue illusion du gouvernement. Ce grand projet s'évanouit aussi. On se borne alors à armer dans les ports de Brest, Rochefort, Dunkerque et dans l'île de Texel les quatre flottilles que nous avons indiquées. Les trois premières agirent; la dernière seule fut prise avant d'arriver en Irlande. La flotte de Rochefort partit le 6 août, celle de Dunkerque le 3 septembre, celle de Brest le 28 du même mois. Les troupes embarquées s'élevaient à environ six mille hommes; le général Hardy les commandait, avec Wolf Tone pour chef d'état-major.

Hardy était un très jeune général de Sambre-et-Meuse. Il avait eu la confiance de Hoche et conservait pour son jeune chef un pieux souvenir et un vivace respect. Sous les ordres de Hardy commandaient: Humbert, l'avant-garde; Ménage, le centre; Rey, un corps détaché.

Le 18 thermidor an VI, l'avant-garde, composée de mille trente-cinq hommes, partit de Rochefort, sur trois frégates revenues de Bantry, la *Concorde*, la *Médée* et la *Franchise*. Le contre-amiral Savary commandait la flottille; le général Humbert, les troupes. Les cris de victoire et d'allégresse saluèrent ce départ. Le 5 fructidor, après de longues luttes contre les vents, en plein jour, à 2 heures, les frégates jetèrent l'ancre dans la baie de Kilala, au nord de l'Irlande, et on débarqua immédiatement, comme on eût dû le faire à Bantry. L'Irlandais Murphy, moitié corsaire moitié contrebandier, qui se trouvait là, courut en porter la nouvelle en France.

Les marins les plus exercés n'auraient pas été plus prompts que les soldats de Humbert : trois mille fusils, trois mille habits, quatre canons, quelques sacs de biscuits et une pipe d'eau-de-vie furent, en quelques heures, portés à bras à travers les rochers [1]. Et l'Irlande fut envahie par cette avant-garde d'une armée encore en France.

Plus occupés de la gloire que des moyens d'assurer leur existence, ils enlèvent Kilala sans daigner répondre à la fusillade ennemie et, comme preuve de leur premier succès, envoient leurs prisonniers en France par les frégates qui repartent pour chercher des renforts. Jamais plus hardie aventure n'inspira plus d'entrain.

L'alarme se répandit en Angleterre, comme

---

[1]. Nous avons puisé ces détails et les suivants dans les rapports officiels et dans une brochure devenue très rare, écrite par un officier de l'expédition : Rapport de Savary, *Moniteur*, an VI, nº 359 ; — Rapport de Humbert, *Moniteur*, an VII, nº 15 ; — *Notice historique de la descente des Français en Irlande sous les ordres du général Humbert*, par Fontaine, adjudant-commandant, thermidor an IX. — Cette brochure a été écrite par le journaliste Pierre Villiers. — Mémoires du général Sarazin, qui faisait partie de l'avant-garde.

pour le débarquement à Fitzguard. « Où sont donc les avantages de notre marine ? s'écrie le *Times*[1], et quelle sera désormais notre sécurité contre un ennemi que nos forces maritimes n'empêchent d'effectuer aucune des tentatives qu'il fait contre nous ? Déjà l'année dernière les éléments, plutôt que nos vaisseaux, nous protégèrent à Bantry. Rien ne l'empêcha de débarquer douze cents hommes qui jetèrent une telle épouvante en Angleterre, que, sans l'inaltérable fermeté de Pitt, qui fit fermer la banque par un bill, tout le monde accourait pour en retirer ses fonds, c'est-à-dire se pressait à l'envi de ruiner le crédit public.

« Aujourd'hui, à la face de nos flottes qui nous entourent de toutes parts, et lorsqu'ils nous avaient pour ainsi dire prévenus de leur arrivée, ils débarquent tranquillement quelques poignées d'hommes qui jettent les trois royaumes dans des convulsions de crainte et qui vont peut-être rétablir, au milieu de nous, une guerre ven-

---

1. *Times* du 31 août 1798.

déenne, mille fois plus dangereuse que celle que nous avons portée en France. »

Les Irlandais aussitôt relèvent la tête; les plus proches, ceux du comté de Mayo, se joignent à nos troupes; O'Méally amène ceux du Connaugt, multitude déguenillée dont le général Humbert habille et arme une partie. Des officiers irlandais, parfois anciens séminaristes et futurs capitaines de nos armées, les organisent et les commandent, sous les ordres et la direction du général français. Ils ont eux-mêmes pour général Mac Donald, qui parle couramment le français. Le père Gannam, ancien séminariste de France, sert d'interprète. Des paysans accourent avec fifres et cornemuses; quel réveil et que d'espérances! Les flottes françaises naviguent vers l'Irlande, disent les Français. Dublin va s'insurger, répètent des Irlandais; l'Irlande entière va se lever! L'armée française, composée des vainqueurs de Charette et de Stofflet, est ainsi renforcée par les catholiques aussi ardents que les Vendéens, combattant à la fois pour la sainte Vierge et pour la France : deux grands mots qui, sur cette terre et dans ces circonstances, veulent dire pour eux : Liberté.

C'est au milieu de cet enthousiasme que naquit et disparut en un jour, comme le plus chétif des nouveau-nés, cette République inconnue : la République d'Irlande. Humbert la proclame; mais ce ne fut qu'un cri sonore dans la nuit de l'histoire; tout se réduisit à l'organisation, dans la petite ville de Castlebar, d'une municipalité dans le but unique d'avoir du pain. Ce vœu même ne fut pas accompli. Quant aux citoyens de la nouvelle République, peu lui restèrent fidèles, en nous voyant si faibles!

Humbert s'avance dans le pays : il tend vers Dublin. Il s'empare de la ville de Castlebar; il y prend six pièces de canon, un drapeau, fait presque autant de prisonniers qu'il a lui-même de soldats; met en fuite les cinq mille miliciens ou soldats qui défendent la ville. Comme Abercromby avait eu raison de dire que ces soldats étaient redoutables à tous, excepté à l'ennemi! Pendant ce combat, quarante-trois cavaliers du 3ᵉ régiment de chasseurs avaient chargé contre deux régiments, les avaient dispersés et leur avaient pris un drapeau [1].

Les Français, diminués de nombre, restent sept jours à Castlebar ; ils attendaient des secours. On avait aperçu au large des voiles se dirigeant vers Kilala : était-ce la flotte de Brest avec le général en chef et Wolf Tone ? ou celle du Texel, ou au moins l'*Anacréon* avec Napper-Tandy ? C'était la flotte anglaise : elle tente de débarquer à son tour des troupes à Kilala. Les vingt Français qui gardent la ville et les Irlandais-Unis les repoussent, et le nord-ouest de l'île est à nous. Mais Cornwallis, qui a retenu trois régiments prêts à s'embarquer pour les Indes, réunit toutes les troupes disséminées dans l'île et bientôt, à la tête de vingt-cinq mille hommes, marche à la rencontre d'Humbert. Humbert, avec huit cents Français et six cents Irlandais, reprend sa route vers Dublin, cherchant à tromper Cornwallis et à soulever l'Irlande : Erin Go breah ! Hurrah ! donc pour la liberté, pauvre

[1]. *Moniteur* du 6 frimaire an VII. Réponse de Treilhard à l'adjudant général Sarazin.

san van vocht! Que fait donc Dublin, la ville pauvre et populeuse? Elle nous attend!

Napper-Tandy partait de Dunkerque sur l'*Anacréon*; Wolf Tone allait partir également de Brest; Savary, rentré à Rochefort, embarquait déjà de nouvelles troupes. Toutes ces bonnes nouvelles, les insurgés ne les apprenaient pas; ils ne savaient qu'une chose : c'est que Hoche était mort et Bonaparte parti. Aussi hésitaient-ils quand il fallait agir! L'insurrection ne se généralisa pas; tant d'espérance et de patience n'aboutirent qu'à une sorte de duel entre Cornwallis et Humbert, entre une armée et un bataillon.

Humbert marche sur Dublin; Cornwallis lui barre la route. Humbert se détourne, entraîne sa troupe, sans cesse attaquée par des forces cent fois supérieures, et laissant sur son chemin de petits groupes de morts intrépides. Elle se réduit, mais elle va : seule la marche la plus rapide est sûre; aussi, sacrifice pénible et qui fait passer dans le cœur du soldat une ombre de découragement, on jette tout poids inutile, même les canons.

A cet insaisissable ennemi, le généreux Cornwallis proposa une capitulation. « Nous n'avons pas encore rempli la tâche que notre gouvernement nous impose, » répondit Humbert, en reprenant sa marche. Le Shannon aux eaux profondes et aux rives boueuses arrête les Français : ils cherchent un pont; le pont est gardé. L'adjudant général Fontaine enlève le pont, notre troupe passe et le détruit, retardant ainsi la poursuite.

Non loin de là, à Granard, les Orangistes battaient à ce moment les Irlandais-Unis. Leur chef ou un envoyé des patriotes de Dublin, chargé d'armes offensives et défensives comme un preux du moyen âge, se rendit auprès d'Humbert, lui annonça l'arrivée de dix mille insurgés et demanda que le général les attendît un jour! Un jour, un instant de repos, c'était la défaite, la captivité, la mort! Nos soldats français, épuisés par dix-sept jours de marche, n'osaient le réclamer et murmuraient qu'on l'accordât [1].

---

1. Le général Sarazin, dans ses mémoires peu véridiques, dit que le général anglais lui offrit un million

Le chef irlandais invoque l'union des deux peuples, et Humbert retarde sa marche, quoiqu'il ne soit qu'à trois jours de Dublin. Mais puisque ces preux venaient aider les Irlandais, n'était-il pas chevaleresque de céder à leurs désirs? On se reposa donc stoïquement; et ils dormirent leur dernier sommeil, tous prêts à faire tête aux chasseurs.

Cornwallis courait aussi : ses vingt-cinq mille hommes inondent le pays et poursuivent la troupe insaisissable, déjà presque invisible : ils la harcèlent, ils arrêtent les insurgés qui viennent la rejoindre et s'avancent méthodiquement.

Pendant que les Français se reposent cette nuit à Cloon, les Anglais marchent la nuit; ils arrivent le matin; ils apparaissent; ils sont maintenant trente mille.

Leur chef fit aux Français l'insigne honneur de ne pas leur proposer de se rendre sans combat; et la bataille, si l'on peut donner ce nom

à partager entre lui et Humbert, pour obtenir leur capitulation. — Sarazin dit également que le prétendu chef irlandais ou délégué était un agent secret du général Cornwallis.

au choc d'un bataillon contre une armée, commença à huit heures, autour de Ballynamuck.

Humbert, à la tête de quatre compagnies, prit un caisson de munitions à la cavalerie anglaise; Sarazin occupa de vive force le pont de Granard, qui assurait la marche en avant. L'adjudant général Fontaine, avec deux canons, arrêta la cavalerie anglaise, dont le chef fut fait prisonnier. Mais après ces inutiles prouesses, trois mille cavaliers fondaient sur les Français; quinze mille fantassins, présidant à cette attaque, entouraient les cavaliers anglais et le corps expéditionnaire d'un cercle infranchissable que doublaient au loin des réserves. A deux heures, les Français avaient épuisé leurs munitions.

Tout est fini. Les Anglais se jettent sur nos soldats. « C'était à qui aurait l'honneur de faire un prisonnier; il n'y en eut pas pour chaque officier anglais, » dit un témoin.

Le général demanda à Humbert où était son armée. Près de quatre cents Français restaient debout. « La voilà! répondit Humbert.

— Et où prétendiez-vous aller? reprit l'Anglais.

— A Dublin!

— Ce projet extraordinaire, fit le général avec admiration, ne pouvait naître que dans une tête française. »

Un peu plus d'activité en France, et cette marche extraordinaire réussissait [1]. Il eût suffi que la flotte de Brest arrivât en même temps que celle de Rochefort à Kilála. Pourquoi cela n'eut-il pas lieu? Parce que la Trésorerie l'empêcha. Le Directoire avait ordonné aux deux flottes de mettre simultanément à la voile. Les troupes étaient embarquées; leurs effets, ceux de débarquement, les munitions de guerre étaient à bord; tout était prêt; et les fonds demandés par les généraux Hardy et Humbert étaient ordonnancés sur les fonds en caisse; les ordres et avis nécessaires étaient donnés à la Trésorerie. Le 10 thermidor deux courriers extraordinaires furent expédiés de Paris, l'un à Brest, l'autre à Rochefort, tous deux portant ordre de partir au premier souffle de vent favorable. Le général Humbert

---

[1]. Napoléon a déclaré que l'expédition de Humbert avait toutes les chances du succès.

touche les fonds qui lui étaient assignés, fait payer les troupes sous ses ordres et part. A Brest au contraire, Hardy ne trouve ni la solde des troupes, ni les fonds qui lui étaient promis, et, le 15, il réexpédie le courrier extraordinaire pour annoncer que le manque absolu de fonds s'oppose seul à son départ [1]. Le corps de débarquement qui eût été de près de six mille hommes était réduit ainsi à onze cents.

Tandis que la flotte retardée essayait chaque jour de forcer la croisière anglaise, l'*Anacréon* emportait quelques hommes en Irlande. Le général Rey, dont l'audace avait contribué à la victoire de Rivoli, les commandait; Napper-Tandy et des volontaires irlandais étaient avec eux. Ils abordèrent à la fin de vendémiaire. L'état-major se rend à terre, apprend la défaite d'Humbert, le voisinage de Cornwallis, et, comprenant l'impossibilité de se maintenir dans le pays, décide que les troupes ne seront pas débarquées. Le brick regagne la France, où il arrive heureusement.

1. Note du ministre de la marine. Arch. nat.

Presque au même moment, le 20 vendémiaire, la flotte de Brest, sous les ordres de Bompart, échappée à la croisière commandée par Bridport, arrivait dans la baie de Swilly. Elle se composait de huit frégates, d'une corvette et d'un vaisseau de soixante-quatorze canons, *le Hoche*. Elle portait trois mille deux cents hommes de troupes, une des meilleures divisions de l'armée de Mayence, sous les ordres des généraux Hardy et Ménage et de l'adjudant général Smith, qui n'est autre que Wolf Tone. Avec lui arrivent Mac-Lewin et vingt-quatre proscrits irlandais.

A peine ont-ils abordé, au moment où le débarquement commence, les Français voient apparaître l'escadre formidable du commodore Warren. Le combat fut court, mais terrible : l'amiral français essaya d'abord de débarquer ses troupes afin d'accomplir sa mission et de les sauver ; puis, pour donner aux frégates le temps de s'échapper, ce qui réussit, *le Hoche* se sacrifia. Bompart et Hardy accomplirent une des plus mémorables actions de notre histoire maritime. Ils formèrent en carré, sur le pont du *Hoche*, les bataillons de la 53ᵉ brigade et firent de ce pauvre vieux bateau désemparé (l'expression est du vainqueur) un champ de bataille de Sambre-et-Meuse [1]. Le *Hoche*, entouré de cinq vaisseaux et d'une frégate, après quatre heures de lutte, rasé et ayant un mètre d'eau dans sa cale, fut pris. Ménage fut tué; l'amiral Bompard, le général Hardy, l'adjudant général Smith, tombèrent entre les mains des Anglais.

Bientôt après, ce vaisseau, qui portait si dignement le nom d'un héros et exécutait sa dernière pensée, démâté, désemparé, s'abîma dans les flots.

C'était le dernier secours de la France à l'Irlande : Savary, qui bientôt après touchait la côte et pouvait débarquer ses troupes, y renonça, comme l'avait fait Napper-Tandy lui-même.

Les Anglais reconnurent, dans l'officier Smith, le père des Irlandais-Unis, le malheureux Wolf Tone. Immédiatement ils l'envoyèrent à Dublin, avec Mac-Lewin et les autres proscrits. En vain

---

1. Mémoires militaires du général Hardy.

Hardy réclama Smith, devenu citoyen et officier français : le gouvernement anglais fut impitoyable.

Nos échecs, la capture des chefs irlandais, les succès continuels des Anglais, ne leur inspirèrent aucun grand sentiment envers l'Irlande : ils montrèrent plus de générosité envers les Français. Cornwallis les traita avec humanité et permit aux habitants de les recevoir presque à la façon antique. Le soir de la bataille, en arrivant à Longfort, les soldats d'Humbert trouvèrent un banquet servi pour eux; la ville était illuminée, et un des convives, personnage important, résumant d'un mot la situation de l'Irlande, dit au général Fontaine : « Les Anglais éclairent leurs sottises et votre triomphe. »

A ces souvenirs que consacre deux fois le nom de Hoche, nous ajouterons avec fierté la bonne renommée des soldats d'Humbert : leur audace, leur constance et leur probité, nous permettent un sentiment d'orgueil au milieu de tant de douleurs. L'évêque de Kilala, leur prisonnier, leur rendit un éclatant témoignage, qui place cette petite troupe à la hauteur de l'armée du Rhin, dans sa glorieuse retraite. L'évêque trouva, chez ces républicains farouches et redoutés, pour lui, pour sa famille et pour les Irlandais fidèles à l'Angleterre, la politesse jointe à l'humanité. L'intelligence, l'activité, la soumission des soldats à la plus sévère discipline, leur concilièrent l'estime générale; on a surtout admiré leur probité. L'esprit et le souvenir de Hoche étaient là. Que n'eût-il pas fait avec eux, si Bouvet eût débarqué les quatorze mille hommes réunis à Bantry! Que n'eût point fait Bonaparte, s'il eût tourné vers Dublin et non vers Aboukir [1]?

Le traitement envers les Irlandais prisonniers fut tout différent : l'Angleterre resta sans pitié, l'armée se montra sans merci. Les Irlandais pris avec Humbert furent massacrés : Napper-Tandy, réfugié à Hambourg, fut arraché de son asile, en

---

[1]. Nous croyons utile de citer ici l'opinion de Jomini. « L'expédition d'Egypte, dit-il, en faisant renoncer à celle d'Irlande, au moment le plus favorable pour la tenter, ne causa pas seulement la perte de l'élite du personnel de la marine, mais fit manquer encore l'occasion de porter un coup terrible à la puissance de l'Angleterre. » (*Guerres de la Révolution*, t. X, p. 443.)

violation du droit des gens et enfermé dans un petit fort de l'île de Tory, situé à l'extrémité de la Chaussée des Géants. Sur ces rochers battus par la mer où le légendaire Fingal chanta les guerres et la fière indépendance de l'Irlande, le vieux proscrit qui voulut la reconquérir devint lui-même légendaire. Il n'apparaît maintenant à l'Irlande que comme un Français secourable, comme un héros de l'humanité.

Wolf Tone, héros comme Fitz-Gerald, fut amené à Dublin et enfermé dans le même cachot, d'où il écrivit à sa femme. Elle l'avait, à Philadelphie, encouragé dans le devoir : ce devoir était accompli, et la mort en était la conséquence. Au moment de la séparation suprême, Wolf Tone bénit cette femme vertueuse et adorée, puis se tua dans sa prison, pour échapper aux ignominies d'une exécution à laquelle les bassesses de la rancune anglaise ôtaient toute grandeur.

XVII

L'ŒUVRE DE HOCHE

On dit qu'en apprenant la mort de Hoche, les Irlandais jurèrent de lui élever un monument. Leur reconnaissance n'a pu se manifester que par des soupirs et des regrets ; la servitude chaque jour plus dure qui pesait sur eux, l'ombre du fameux mancenillier à trois branches, l'Église d'Irlande, le régime de la terre, l'organisation de l'enseignement, ne permettaient pas de rappeler les guerres pour la liberté.

Mais, pour n'être point dressé sur le champ de Kildare ou dans les rues de Dublin, ce monument n'en est pas moins mérité. Et les événements de la fin du siècle, et ceux qui ont étonné et attristé l'Europe pendant tout le dix-neuvième, et ceux qui se produisent aujourd'hui, justifient la campagne de Hoche et font regretter que ce rayon de la pensée révolutionnaire n'ait réchauffé qu'un instant l'agonie irlandaise.

Que veut en effet l'Irlande? quels sont ses droits? quels moyens a-t-elle de les reconquérir? La révolution lui apportait-elle ces moyens de satisfaire ses vœux et de reconquérir ses droits? L'Angleterre ou l'Église, qui, seules avec la France, avaient exercé une influence sur l'Irlande, voulaient-elles faire ce que tenta la révolution? Ni l'Église ni l'Angleterre n'ont seulement compris le rôle qui leur incombait dans cette grande question, et l'échec de la France a laissé l'Irlande en face des mêmes maux et des mêmes revendications qu'en 1798.

Que veut l'Irlande? Est-ce la séparation? est-ce, sans séparation complète, un gouvernement local, un parlement séparé, le *home rule*? S'il y a doute sur ce point, c'est que la raison disparaît dans les querelles de ce genre, mais elle reviendrait facilement si l'Angleterre comprenait.

L'Irlande veut surtout un régime nouveau de la propriété : la terre au cultivateur. Elle veut reprendre à ces landlords le domaine qu'ils ont acquis par la conquête, qu'ils ont fait cultiver par des affamés, dont ils dépensent tous les revenus hors d'Irlande. Là est la grosse question. La *Ligue agraire* l'a posée nettement, et le *plan de campagne* en prépare la solution. L'Irlande veut encore l'organisation de l'enseignement, la liberté électorale, l'égalité entre le citoyen irlandais et le citoyen anglais.

Quels sont sur chacun de ces points les droits de l'Irlande? Lui refusera-t-on un parlement qu'elle a eu jadis, dont on l'a dépouillée par la ruse, en lui promettant une égalité qui n'a pas été accordée? Lui refusera-t-on la terre? Invoquera-t-on les droits de la société? La *Ligue agraire* répondra qu'à une société fondée sur la violence et la corruption elle en oppose une autre qui ne peut valoir moins. Mais accordera-t-on à l'Irlande une réforme agraire qu'aussitôt on demandera en Angleterre, qu'on exige déjà en Écosse? Ainsi posé, le problème aboutit ou à une guerre civile dans laquelle la justice et la pitié ne sauront quel parti suivre, ou à une conciliation qui se résout par des indemnités. Quelque colossales qu'on les suppose, quelque sanglante que soit la guerre, il faut choisir. De tout temps on a préféré la guerre; préférera-t-on aujourd'hui l'*abolition du landlordisme et le home rule?*

Quels moyens l'Irlande a-t-elle de réussir dans ses revendications? Elle en a eu trois : la prière, la révolte et l'appel à l'étranger. Prière et révolte n'ont depuis six siècles abouti à rien ou à presque rien. A côté de deux concessions, celle de 1782, retirée par l'acte d'Union, et l'abolition de l'Église d'Irlande, due aux efforts de M. Gladstone, les rapports de la nation anglaise avec la nation irlandaise sont marqués par des répressions horribles et par la famine.

Dédaignée quand elle priait, vaincue quand elle s'insurgeait, l'Irlande s'adressa d'abord à l'Église. C'est un pape qui donna l'Irlande à l'Angleterre, c'est un pape qui consacra la conquête, qui sanctifia l'asservissement! L'Irlandais resta néanmoins le plus fidèle des peuples catholiques, le plus épris de Rome, le plus inébranlable dans sa foi. Au XVIe siècle, il repoussa la réforme; au XVIIe, il défendit les Stuart, chers à l'Église. Que firent les papes en faveur de ce peuple fidèle, livré à un peuple schismatique? Ils poussèrent parfois à des révoltes, en faveur d'une restauration monarchique, mais aussitôt qu'il était question d'indépendance, ils ordonnaient la soumission, trouvant qu'il est plus conforme à la foi de servir un mauvais maître que d'être libre. C'est ce qui arriva en 1798.

Alors comme aujourd'hui, de toutes les comédies que joue la diplomatie dans l'embarras, la moins noble est celle du pape avec l'Angleterre au sujet de l'Irlande. Lui, si désireux de s'insinuer dans les affaires intérieures des puissances, s'éloigna avec réserve de celles de l'Irlande. Il ne voulut d'abord ni contrarier le clergé irlandais tout à la rébellion, de peur de susciter un conflit avec l'Église d'Irlande, ni blesser le gouvernement anglais. Mais lorsque la République française triompha, entraîné dans la coalition monarchique par ses intérêts temporels, et se faisant l'auxiliaire d'un ministère schismatique, le pape condamnait les justes revendications des Irlandais et leur enjoignait d'obéir à leurs tyrans, sous peine d'excommunication.

Aujourd'hui il en est de même. Tout en prenant des mesures de coercition rigoureuses, le cabinet tory sollicite du pape une parole d'apaisement, afin d'enlever aux agitateurs l'appui du bas clergé, qui a joué un rôle si important dans la propagande du *home rule*. Le pape, cédant à de pressantes sollicitations, a délégué en Irlande Mgr Persico pour faire une enquête sur la part que les prêtres prennent à l'agitation politique, mais la mission de ce prélat n'a pas eu l'effet qu'en attendait le gouvernement anglais, et l'attitude qu'il a observée et les conclusions du rapport qu'il a déposé à Rome n'ont point mécontenté les Parnellistes, qui ont fait à Mgr Persico un excellent accueil. Evidemment on attend au Vatican, avant de sévir contre le clergé nationaliste et d'engager ainsi un conflit qui pourra présenter quelque danger pour l'Église, que l'Angleterre appuie ses demandes de quelque proposition avantageuse, comme celle d'accréditer auprès du saint-père un ministre plénipotentiaire, et d'attester ainsi publiquement le besoin qu'elle a des bons offices du prisonnier du Vatican. Mais que l'Angleterre cède, et le pape, féru du désir de se poser en arbitre des Puissances, sacrifiera l'Irlande à ce qu'il croira l'intérêt du saint-siège. Quoique la négociation paraisse abandonnée, l'Irlande n'a rien à attendre de ce côté; ce n'est pas du premier auteur de la servitude que viendra la délivrance.

A qui avoir recours? Les Irlandais d'Amérique n'étaient, en 1798, ni nombreux, ni riches, ni capables d'envoyer à leurs frères trois cent vingt-cinq millions de secours et de remplir la caisse de la *ligue agraire*, ni assez puissants pour constituer une nation nouvelle, changer le problème de l'Union et de l'appel à l'étranger et peut-être un jour tenir tête à l'Angleterre.

L'Irlande s'adressa donc à la France. L'Irlande eut-elle tort? eut-elle raison? Je ne veux chercher la réponse qu'au point de vue de l'utile et ne pas discuter ici ce fait d'un appel à l'étranger. C'est aux Irlandais et aux Anglais de se juger, selon qu'ils se sentent frères ou ennemis. Je ne veux pas rechercher s'il ne convenait pas de préférer de lentes réformes, le progrès en un mot, à une révolution ; qu'on se demande si les souffrances que cette révolution eût causées à l'Irlande pouvaient dépasser celles qu'elle a éprouvées! En dehors de ces abstractions je trouve, et cela suffit, la réponse de la Révolution dans son œuvre, et comme cette œuvre eut pour artisan Hoche lui-même, je puis hautement affirmer que changement dans le régime de la propriété, liberté religieuse, gouvernement local, tout ce qui constitue la solution du problème irlandais, seuls nous l'avons politiquement réalisé et que nous l'apportions à Bantry. Le parti libéral anglais retrouvera ces principes et leur explication dans la pacification de la Bretagne et de la Vendée.

La Bretagne et la Vendée, comme le reste de la France, ne différaient pas beaucoup, au commencement de la Révolution, de ce qu'était l'Irlande en 1789 et de ce qu'elle est encore : grandes terres possédées par les seigneurs, pas d'enseignement pour le peuple, puissance du prêtre et attachement absolu à la religion catholique. Il n'était pas jusqu'au *tenant right* qui, sous le nom de droit de marché, n'existât. L'abolition des droits seigneuriaux fut accueillie avec enthousiasme en Bretagne et en Vendée; mais la constitution civile du clergé et le service militaire détachèrent aussitôt ces deux provinces, et le gouvernement se trouva en face d'elle comme l'Angleterre en face de l'Irlande.

Préparatifs d'invasion, émigration, insurrection, les mêmes événements se produisent alors en Angleterre et en France. Ils ont même effet sur les deux gouvernements : excitent leurs haines, leurs espérances, exaltent leur prudence de la même façon et au même degré; leur inspirent les mêmes procédés. L'Angleterre veut jeter des troupes et des émigrés en Bretagne, mais redoute l'Irlande; la France veut jeter des troupes et des émigrés en Irlande et redoute la Bretagne. Cette similitude inspira d'abord au ministère anglais et au Directoire le même désir d'apaiser les insurrections, chacun ayant un égal intérêt à fermer son pays à l'ennemi, afin d'être libre de l'attaquer résolument. Les deux gouvernements commencèrent cette œuvre presque en même temps, en 1795, quand Fitz William fut nommé vice-roi d'Irlande et Hoche envoyé dans l'Ouest. Mais combien ce gouvernement décrié du Directoire et le général républicain si calomnié furent supérieurs au grand Pitt, au débonnaire Fitz William! et que le peuple français si versatile fut plus persévérant que l'opiniâtre Anglais!

Les difficultés du début étaient aussi grandes d'un côté que de l'autre, soit au point de vue général, soit au point de vue spécial qui nous occupe. Si toutes les armées françaises étaient répandues sur nos frontières, toutes les flottes anglaises étaient en mer; si nos finances étaient épuisées, celles de l'Angleterre étaient compromises; nos divisions se retrouvaient, quoique avec moins d'aigreur, à Londres. En Irlande et en Bretagne, les maux et les dangers se ressemblent : même insurrection générale, organisation analogue; trahisons et faiblesses presque semblables dans les administrations locales ; armée également disséminée, indisciplinée, faible, violente et incapable d'atteindre son but. Mêmes misères, même fanatisme.

Pitt était persuadé de la nécessité d'employer les moyens de douceur ; cette conviction profonde ne le quitta jamais. Il y fut assez fidèle pour préférer, en 1802, renoncer au ministère qu'à son projet de conciliation.

Le Comité de salut public et après lui le Directoire choisirent, pour réaliser le nouvel état social, le plus grand cœur et la plus claire intelligence de cette grande époque. Hoche avait la clémence, l'esprit de conciliation, la fermeté inébranlable, l'inflexible amour de la loi. Il sut unir la volonté et la bonté habile, et fondit, en quelque sorte, toutes ces qualités dans le culte de la justice. Sa conduite fut irréprochable, ses débuts même furent sans erreurs.

Il trouvait, à son arrivée, une armée indisciplinée, déguenillée, démembrée, presque un ramassis de soldats pervertis par la guerre civile, le plus corrupteur des fléaux ; un pays alternativement en proie au terrorisme révolutionnaire ou catholique; une misère universelle; l'Anglais partout par ses hommes ou par son or. Refaire l'armée, retenir les administrations républicaines, apaiser les catholiques, nourrir le soldat sans affamer le paysan, et surveiller l'Anglais, telle était la tâche. Hoche l'aborde en écrivant : « Plus de terreur, plus de persécution; les baïonnettes sont moins utiles que la persuasion. »

Il met aussitôt à suivre ce plan une activité et une persévérance admirables. Il rétablit d'abord la discipline, persuadé qu'une « armée indisciplinée est toujours le fléau du pays qu'elle défend ». Noble maxime à laquelle il conforma sa conduite, tandis que lord Abercromby infligeait aux troupes anglaises en Irlande cette rude flétrissure : « qu'elles étaient redoutables à tous, sauf à l'ennemi [1] ». Ainsi, tandis que l'armée anglaise par ses excès s'affaiblissait et irritait les plus soumis, l'armée des côtes de Cherbourg et, après celle-ci, les armées républicaines de l'Ouest

---

1. De Sybel, *Hist. de l'Europe,* t. V, p. 356. V. également Moreau de Jonès.

reprenaient de sévères habitudes militaires et assuraient l'ordre et le travail.

Le paysan était une furie quand on lui prenait et le grain destiné à la semence, et ses outils et ses bestiaux, quand on le forçait à couper les haies qui formaient la garde du bétail, quand on lui interdisait le culte, quand on installait chez lui des garnisaires. Hoche donna du grain pour permettre d'ensemencer, en brumaire an III et an IV; il ne prit le bétail que pour le rendre aussitôt qu'on déposait les armes; il autorisa la conservation des haies; et, comme on objectait que cela facilitait les surprises, il répondait qu'il se garderait mieux. Il le faisait en effet. Au système des cantonnements, qui favorisait le désordre, le pillage, la désertion, qui gâtait le moral de l'armée et entretenait la fureur des habitants, il substitua le système des camps. Enfin il osait laisser le culte libre. Le soldat cessant de piller et de verser le sang inutilement, la confiance revenait aux indifférents et aux riches; le soldat se gardant, le chouan le plus audacieux se décourageait.

Cependant une dure épreuve allait être infligée

aux soldats, comme au général et au Directoire. Après de longs pourparlers, qu'il est inutile de rappeler et dont Puysaie et surtout Cormatin furent les premiers et les plus bruyants promoteurs, Charette et les Vendéens, Cormatin et les Bretons avaient signé des traités [1]. La paix était faite : Charette et Cormatin venaient de faire des entrées solennelles à Nantes et à Rennes. La France disait déjà l'Ouest pacifié, quand l'insurrection éclata avec une violence nouvelle. A l'arrivée des Anglais et des émigrés à Quiberon, communes pacifiées, paysans soumis, chefs signataires des traités, tous se soulevaient, l'Ouest en un instant fut en feu et la guerre se compliqua de la chouannerie.

Hoche, à l'imitation des Anglais, va-t-il se jeter dans la répression et la vengeance? Non : vainqueur, il recommence l'œuvre de pacification. Le Directoire va-t-il rappeler ce général, accusé partout de faiblesse, de trahison même? Non, il confirme ses pouvoirs; il approuve sa modération.

1. Traités de la Jaunoye et de la Mabilais.

Les instructions du gouvernement, les proclamations et les lettres du général, et, mieux encore que ses paroles, ses actes sont un beau titre de gloire pour la Révolution. On laisse au propriétaire son champ, son blé, son troupeau, à la seule condition qu'il remette les armes dont il a abusé ; on lui permet d'exercer son culte ; on n'exige même pas le service militaire. Les chouans seuls sont poursuivis avec rigueur.

Dans des circonstances analogues, après l'insurrection de 1798, quand l'Irlande était épuisée, que fit l'Angleterre ? Elle pilla les biens, détruisit les récoltes, violenta les consciences, renouvela en Irlande les détestables procédés des généraux de 1793 en Vendée et couronna son œuvre par le plus inique des abus de la force : le rétablissement de l'esclavage. Elle vendit des Irlandais à une puissance étrangère pour travailler dans les mines [1].

---

[1]. Le roi de Prusse profita de la situation de l'Irlande, en 1798, « pour acquérir à bon marché des hommes pour travailler dans ses mines. Il envoya ses agents, à la Nouvelle-Genéve, une prison d'Irlande, pour choisir des hommes solides parmi les prisonniers condamnés à la

Hoche mit en pratique avec humanité les principes de la Révolution; l'Angleterre appliqua avec fureur les idées aristocratiques. Il ne faut pas objecter que l'Angleterre ne découvrit jamais un Hoche et qu'elle eut à lutter au contraire contre un peuple moins souple que les Bretons. Cornwallis, Abercromby, Fitz-Villiam, s'inspirant, comme il convient, des besoins de temps et de milieu, ont paru capables d'imiter Hoche, et les Irlandais et les Bretons, étant de race celtique, offraient les mêmes chances d'apaisement ou de rébellion.

Mais tandis que les chambres françaises, en apprenant la pacification de l'Ouest, décrétaient

transportation pour avoir rejoint Humbert. Ces patriotes irlandais, Mallowney, O'Briend, Dalton, Keogh, Doyle, Cane, etc., après avoir travaillé comme des esclaves dans les mines prussiennes, avaient été forcés de devenir soldats... la bataille d'Iéna, en 1806, brisa les chaînes de centaines de ces braves... Je demandai au jeune Gunning, fils d'un gentleman du comté de Kildare, comment il avait pu supporter le travail des mines. — Oh! me répondit-il, Patt Forster remplissait sa tache et la mienne; autrement je n'y aurais pas survécu. — Et de fait Forster était capable d'accomplir de téls actes... Habitué au travail des champs, très grand, très bon, simple comme un enfant et fort comme un lion. » — (Miles Byrne, *Mémoires*, t. II, p. 304.)

que Hoche et son armée avaient bien mérité de la patrie, le parlement britannique, craignant que l'Irlande ne cessât de faire partie de l'empire, songeait à mettre Pitt en accusation et s'inspirait de pareilles folies pendant tout le XIXe siècle.

Et maintenant, pour juger les deux œuvres, il suffit de regarder la Bretagne et l'Irlande, la France et l'Angleterre. Si les plus acharnés soldats de ces guerres civiles renaissaient dans les deux pays, si les Irlandais revoyaient demain Hoche à Bantry, et les Vendéens l'Anglais à Quiberon, que feraient les uns et les autres? La France peut proclamer hautement que pas un de ses fils ne la trahirait, que pas un n'hésiterait à mourir pour la défendre. Que ferait Wolf Tone, que ferait Fitz-Gerald ressuscités, et que feraient les fermiers chassés brutalement de leur chaumière, si une flotte américaine amenait en Irlande une armée libératrice?

DOCUMENTS [1]

AU GÉNÉRAL CLARCKE

« Brest, le 10 vendémiaire, 5ᵉ annee.

« Depuis bien longtemps, mon cher général, j'ai été privé du plaisir de vous écrire ; votre estimable parent a bien voulu se charger de ce soin ; cependant je dois satisfaire au vœu de mon cœur dans ce moment où je suis un peu plus tranquille.

« Je ne crois pas que nous puissions compter sur notre expédition ; il est impossible de mettre à une chose ordonnée par un gouvernement plus d'ineptie, de mauvaise foi, de malveillance que

---

1. Nous avons eu d'abord le projet de publier in extenso toutes les lettres de Hoche, inédites ou non, relatives aux affaires d'Irlande. Nous y avons renoncé en apprenant que la correspondance complète du général était réunie par M. Maze, sénateur, et qu'elle ne tarderait pas à paraître.

n'en mettent les chefs de la marine à préparer les objets qui nous sont nécessaires. Villaret veut aller dans l'Inde et ne veut absolument que cela ; les administrateurs (j'en excepte le citoyen Bruix, qui m'a éclairé sur les manœuvres des autres) veulent agioter les fonds de la République ou du moins ne pas les employer convenablement ; rien, absolument rien n'est prêt, rien ne se fait ; je regarde dans moi-même le projet comme avorté si on n'envoie Villaret dans l'Inde [1] avec un vaisseau et deux frégates, pour en débarrasser notre marine, qu'il retient dans l'avilissement. Aujourd'hui, mon cher général, je vais forcer ces messieurs à se déclarer ; ne craignez pas que je m'emporte : au contraire j'y ai mis toute la réflexion et les ménagements convenables ; je devais quelquefois faire halte à mon caractère, d'ailleurs trop bouillant.

« L'insurrection s'est mise dans presque toutes nos compagnies de grenadiers ; j'en ai déjà fait

---

1. En marge de la lettre Hoche écrit : « Je me rétracte après ce que je viens d'apprendre, il faut qu'il reste en France. »

désarmer deux, et sous peu je ferai juger plusieurs chefs de rebelles, que je tiens ici en prison.

« Cette raison et les propos que les Irlandais avaient tenus au chef de brigade m'ont engagé à les envoyer à Oléron. J'ai craint qu'ils ne se jettent avec les voleurs dont la Bretagne regorge.

« Les nouvelles des armées et celles que je reçois de Paris m'affectent bien vivement; je crains pour Moreau, bientôt Bonaparte aurait son tour : vous avez déjà entendu accuser le Directoire; je le crois entre nous un peu faible; il doit tout craindre d'une classe d'hommes naturellement ses ennemis, il doit se défier d'une foule de traîtres qui, n'ayant rien fait pour la révolution, veulent être aujourd'hui les plus parfaits républicains. Beaucoup d'eux, mon cher général, sont des traîtres qui n'acceptent ou ne recherchent des plans que pour trahir le gouvernement qui veut être l'ami de tous.

« Ne voyez-vous pas les commissaires envoyés à l'île de France, chassés de la colonie, déportés par un homme qui ne devait pas mettre le pied sur les vaisseaux de la République ! Je sais que le bon cœur répugne à la défiance, mais telle est la perversité du siècle qu'il en faut avoir ; croyez bien que l'exemple de Cacault[1] rentré en France malgré lui ne sera pas le dernier : si Buonaparte éprouvait un échec considérable, vous verriez le Midi... Vous allez me prendre pour un fou ou un misanthrope enragé... tout ce qu'il vous plaira ; cependant croyez-moi un homme digne de votre estime.

« Mon frère Debelle est arrivé à Rennes ; il a peint l'armée de Sambre-et-Meuse avec des couleurs très sombres ; je ne crois pas que Beurnonville convienne. C'est Kléber qu'il fallait y laisser en chef... et puis, vous le dirai-je ? des coups de bâton, oui, c'est ce qui convient à des lâches, à des pillards ; les vrais Français, les bons soldats y applaudiraient ; on battait à Rome, et à Rome on se connaissait en fait de discipline militaire ; il est vrai que la décadence de cet empire a eu pour cause l'indiscipline de ses légions, mais alors les grands généraux étaient morts. Je crains qu'en

---

[1]. Ambassadeur en Italie, à Florence, puis à Rome après le meurtre de Basseville.

sept années nous n'ayons parcouru, le cercle de la révolution politique des Romains, qui dura cinq cents ans; misère, prodigalité, proscriptions, gloire, lâcheté, ambition nationale ou particulière, nous avons tout éprouvé.

« En voilà bien long, mon cher général; vous voyez que je ne crains pas d'abuser de vos moments; ils sont précieux, et vous aussi vous aurez eu votre part des peines de ce bas et misérable monde.

« Enfin c'est pour la patrie. Adieu, général; je vous embrasse. Comptez-moi toujours au rang de vos amis.

« L. Hoche.

« P.-S. Vous trouverez ici un tableau que je vous prie de mettre sous les yeux du Directoire. Si je n'avais craint, je serais allé à Paris; j'ai tant de choses à dire sur la marine que je n'ose m'en ouvrir au gouvernement. »

FIN

TABLE DES MATIÈRES

Préface... v
I. — Rivalité de la France et de l'Angleterre pendant la Révolution..................... 1
II. — Projets de Hoche, en 1796............... 13
III. — La vieille Irlande........................ 20
IV. — La Révolution française et la verte Erin. 38
V. — La proscription irlandaise............... 61
VI. — La naissance d'une République.......... 92
VII. — Plan de l'expédition..................... 108
VIII. — L'administration en l'an V.............. 126
IX. — Les préparatifs et les résistances........ 141
X. — Le corps de Quantin..................... 165
XI. — Allons, enfants de la patrie!............. 174
XII. — A Bantry................................ 196
XIII. — La terreur en Irlande................... 227
XIV. — Mort de Hoche.......................... 241
XV. — La comédie de l'armée d'Angleterre..... 273
XVI. — Un bataillon contre une armée.......... 294
XVII. — L'œuvre de Hoche....................... 321
Documents : Lettre de Hoche, du 10 vendémiaire an V..................................... 339

COULOMMIERS. — Typ. P. BRODARD et GALLOIS.

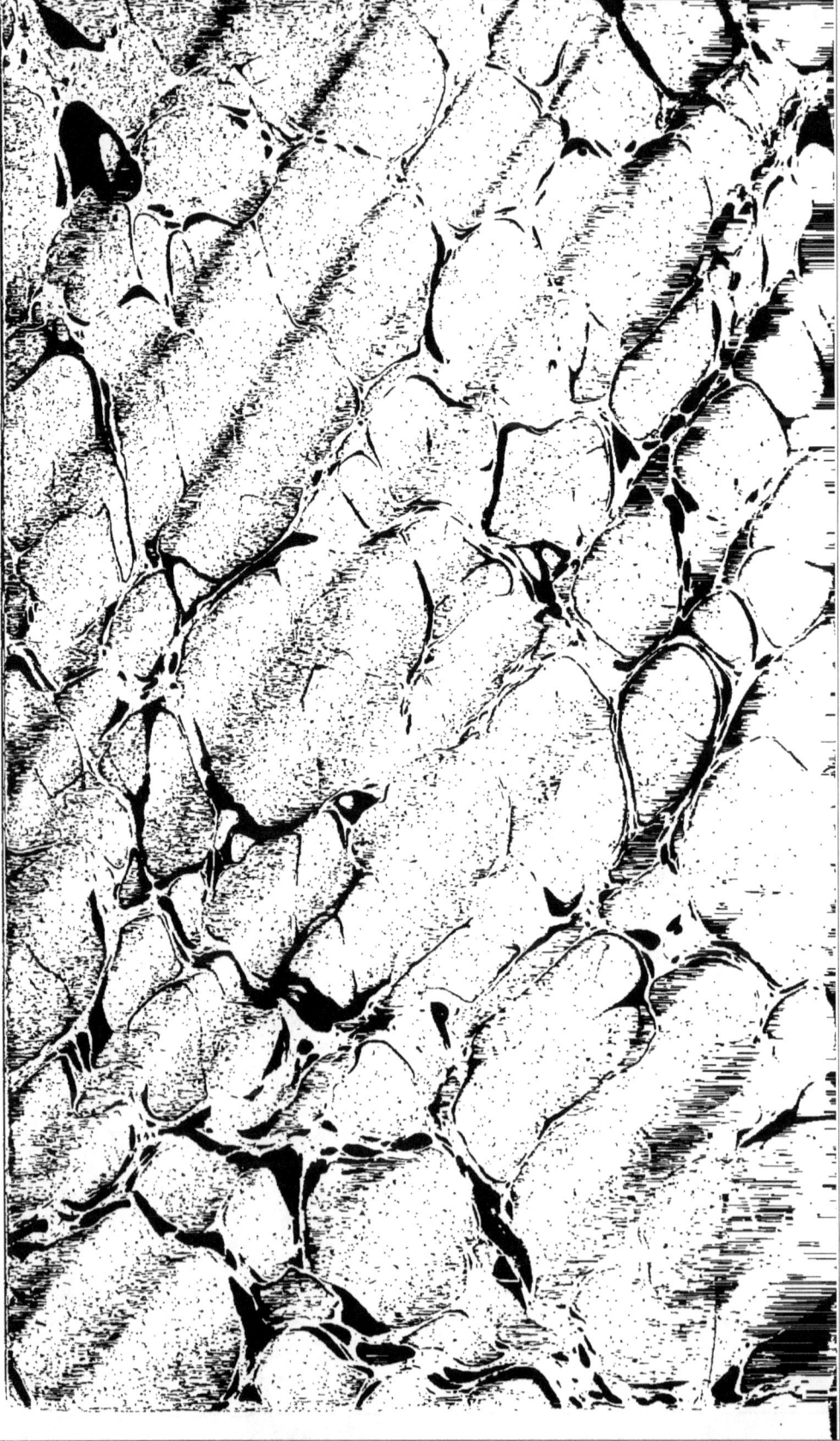

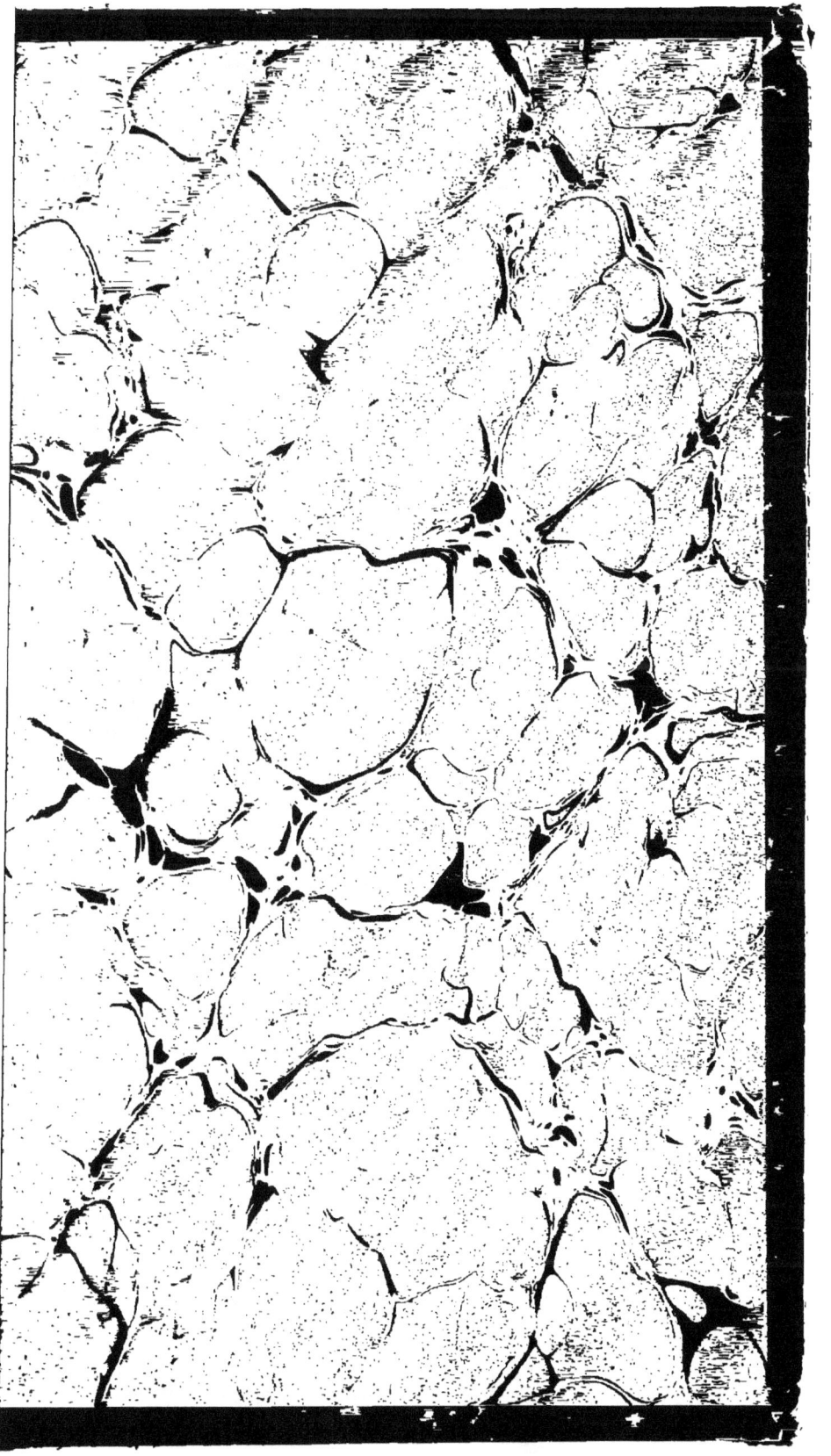

www.ingramcontent.com/pod-product-compliance
Lightning Source LLC
Chambersburg PA
CBHW050250170426
43202CB00011B/1633